实践新课程课堂视点丛书

总主编：钟发全

理念与智慧的博弈

——新课案之课例解读·语文

范明刚　钟发全　编

天津教育出版社
TIANJIN EDUCATION PRESS

图书在版编目（CIP）数据

理念与智慧的博弈：新课案之课例解读·语文/范明刚，钟发全编．—天津：天津教育出版社，2009.6

（实践新课程课堂视点丛书）

ISBN 978－7－5309－5656－4

Ⅰ．理…　Ⅱ．①范…　②钟…　Ⅲ．语文课—教案（教育）—中小学　Ⅳ．G633.302

中国版本图书馆CIP数据核字（2009）第072857号

理念与智慧的博弈：新课案之课例解读·语文

出 版 人　肖占鹏

作　　者　范明刚　钟发全
责任编辑　王剑文
装帧设计　北京辉煌艺术设计工作室

出版发行　天津教育出版社
　　　　　天津市和平区西康路35号
　　　　　邮政编码　300051
经　　销　新华书店
印　　刷　北京金星印务有限公司
版　　次　2009年6月第1版
印　　次　2009年6月第1次印刷
规　　格　787×1092毫米　1/16
字　　数　180千字
印　　张　14.25

书　　号　ISBN 978－7－5309－5656－4
定　　价　29.80元

前言：站稳课堂

什么样的教师最受欢迎？能站稳课堂的教师。我、你、他要是能天天站稳课堂，那不管在什么时间、什么地点，都绝对是最受欢迎的教师。“站稳课堂”，这四个字读起来铿锵有力，可真正要站稳课堂，却并非易事啊！作为一位教师，其专业智慧和人格魅力就像是课堂的脚后跟，只有脚后跟站稳了，站立起来才能彰显出教育者的气势和力量，从而赢得稳稳的课堂。

一位好教师，他之所以备受学生的欢迎，是因为他有课程智慧。什么是课程智慧？刘良华教授曾说：“就是说这个老师上课的时候，他讲的知识比较丰富。这个丰富不是杂多、杂乱。而是这些丰富的知识让学生感觉到有足够的信息量，而不是贫乏、简单。”课程智慧表现为教师的备课行为，教学智慧表现为教师的教学行为。大凡做教师的，其一生都在备课，都在寻求、开发和利用有效的课程资源。一个好的教师，他的经历、他的所见所闻，都会不断地被转化为上课的内容和智慧。

这本《新课案之课例解读》，旨在从多个侧面展示新课程改革以来的成就与问题。编者编撰此书，有一个最朴素的愿望，那就是为一线教师能站稳课堂助一把力，帮助大家提升课程智慧与教学智慧。

新课程实践之新意，多集中在课堂上，就像春天的新意，多能在枝条抽芽的地方找到一样。在编辑这本书时，我们慎思一切新意之后，将新课案课例解读分成了六辑：第一辑，让课堂充满智慧的挑战；第二辑，让灵感之光在课堂中闪耀；第三辑，让个性化解读助推文本细读；第四辑，让人文乳汁滋润学生的心田；第五辑，让大脑行走在沉思的路上；第六辑，让精彩在预约中灵动。每一辑精选了6~9篇文章，虽不敢说每一篇文章都能对新课堂中有新意的教学过程解读得非常精辟，但可以肯定地说，每一位作者都是在认真地思考，认真地对待实践中所出现的一些新问题。深信读者（包括我们编者）读了这些文章后，都会因文中的新意解读而产生共鸣。

要站稳课堂是需要智慧和方向的。在这本书中，我们最想表达的话语就是："做正确的事情，比正确地做事情更重要。"教学中，首先要保证传授的知识是正确的、有意义的，然后才去想如何用正确的方法来教授这些知识，否则，就是徒劳的。在编辑此书每一辑稿件的过程中，确定选稿内容的时候，都力求所做的是正确的事情，这也是我们选稿的第一标准。

好课总给人一种感觉：你被它感染——一种精神力量的感染。对好课中经典过程的解读，即对那一种精神力量的解读，是这一本书的精要。希望朋友们审读时，有正确的视点。如对于新课案来说，备课、上课、批改作业等常规性工作是摆在教学"前面"的东西，这些天天做的事，却很可能不是促进教师专业成长最重要的东西。在备课、教学、管理学生这些常规工作的"后面"，其实还有很多的东西，如课程智慧、教学智慧、管理智慧。虽然这些一时很难进入大多数教师的视野，但对于促进教师成长来说，却可能是最关键的东西。在解读新课堂的过程中，这些案例的价值非常大，这是一次又一次对平常的否定和超越，几乎不迷信权威，而是一切从实际出发。我们真诚地希望所有读者能把握住这本书的精髓。

通过编辑本书我们明白了：一位成功站稳课堂的教师，他在文本解读上所下的工夫，事实上可能远远超过了平时备课工作量的十倍或更多的努力，所以他才能因优秀和实力站稳课堂。这本书的作者都是用心在感悟课堂的心跳，后来者只要努力，我们深信明天将会有更多的人能站稳课堂。只有这样，我们编撰本书的目的才算真正达到了。

这本书应该是教师的良师益友，它以课堂案例解读的研究方式呈现，希望能促进教师实现专业成长。真诚地期盼每一位读者能掌握课堂案例的研究方法，通过积极主动的课堂案例研究，提升自我教育教学、教育生命的质量，最终在教师职业生命中站稳课堂！

编　者

2009年4月下旬

目　录

第一辑　让课堂充满智慧的挑战

品味高雅的生活麻辣课堂是课改的一种结果，是一种不可苛求的状态，对麻辣的追求离不开认真、长久的积累。创建品味高的生活麻辣课堂，将会是新课改的一种追求。

——钟发全

对于关键词的理解、感悟，不可能全面开花，要合理选择，巧妙设计，扣住要点，重磅出击。正所谓“伤其十指，不如断其一指”。

——冯金刚

开放古诗教学，把古诗与学生的生活经验紧密联系起来，才有可能让学生在现代生活中感受祖国的灿烂文化，吸收民族的文化精髓，提高审美品味和语文素养。

——康铭志

自主学习不能简单地理解为教师给学生提供更多的表现机会。高效的课堂不但要鼓励学生积极思维、表达，更要引导学生学会倾听、学会应答。

——朱先云

课改，需要品味高的“生活麻辣课堂”

钟发全

课改几年来，学科与生活化理念的结缘，如电视广告语——“辣椒遇上花椒，康师傅麻辣牛肉面”一样，促成现今纷纷闪亮登场，可谓五彩缤纷的生活麻辣课堂。其间麻、辣之味充溢的高雅之课，似乎给人几多爽口；其间变味或味不纯正的生活麻辣之课，却给人另一种感觉——庸俗与过滥。

【新课案之课例】

岂能如此的“生活麻辣课堂”

案例一：

“同学们，你们见过有几十斤重的小鸟吗?”“小鸟一大清早就离开办公室（巢），出警去了!”这是一教师在教学《“红领巾”真好》时，为了突出林中飞来飞去的小鸟不辞辛苦捉害虫这一幕的煽情语。

仿真重庆卫视“生活麻辣烫”剧场，平庸的生活麻辣课堂，令人喜忧参半，但比起无视学生兴趣及生活原型，固守照本宣科的教学模式要好得多。可这课也不免给人“俗气”之感，情绪化的麻辣现象，多有教师个性化的泛化之嫌疑。

案例二：

“想当赌王先学好数学。”这是2007年12月26日《教师报》中《“幽默教学”俗些何妨?》一文的论据和论证。据说，叶老师是学生眼中的“现世活宝”、快乐源泉。热爱他的学生们总是滔滔不绝地讲述叶老师的麻辣语录，并称这样的课是快乐数学课。

从某种意义上讲，麻辣课堂的横空出世，再一次印证了在应试教育的阴云笼罩之下，当下的校园教育是多么的无聊。课，真可以如此的教？如果可行，便可顺着推理：“学好数学，不久就可成为赌王。”“要学就学有用的数学，学能促成赌王的数学。”……学科渗透生活化理念，岂能如此概念社会化、窄化，失去学校教育应有的价值取向。“幽默”教法，雅俗结合，那才是人们的期盼。

不同的生活麻辣课堂，不仅折射出操作层面的问题，更引发人们对理论层面的思考。比较中，依稀可见品味高的课才是课改所求，因为它富有教学的有效性。为此，我们不得不对那些已经大量存在的庸俗、过滥的生活麻辣课堂进行再审视与研究，只有这样才可迈过从俗到雅这一道坎。

为何总会出现那些庸俗、过滥的生活麻辣课堂？新课程倡导“且行且思，且思且行”。而在践行中，实情往往并非这样。我们的教师几乎都在发扬笨鸟先飞的精神，纷纷在今夜起程，希望明天起床后就有所作为。结果如何呢？真像《智慧背囊》中的一个故事《笨鸟后飞》所言：

“有一只笨鸟在迁徙的季节为了抢先到达目的地，就先于同伴起飞了。可是飞了很长的时间，还是没有看到同伴跟上来。它迷路了，它扇着翅膀不知何去何从。结果是，这只鸟不得不循着原路返回，在其他鸟都起飞了之后，才默默地跟在后面。在跟进中明白：慢点不要紧，至少再也不会迷失方向。”

防止庸俗、过滥的生活麻辣课堂出现，更需要人们的理智。掩卷沉思，不难发现，生活麻辣课堂的庸俗、过滥主要由以下原因所致：

一是庸俗的生活麻辣课堂，大多急于求成。笨鸟先飞的前提是明确方向。什么是学科生活化，它与什么相联系？它如何运作，有何意义，它适合于什么地方？教学中遇到与生活化理念相撞的问题时如何解决，它的盲区是什么？带着这一系列的问题追问，我们发现，很多教师只知其一，不管其余，是携带着生活化理念误打乱撞一路趟过来的。知之甚微，怎不是昏昏，何能使其昭昭？

二是过滥的生活麻辣课堂，异化、简单处理、顺手找来便用，是其症结所在。如，笔者教学过一篇童话《去年的树》。文本记叙了一只鸟和一棵树是好朋友，冬天来了，鸟要飞到南方去过冬，依依离别之时，答应明年春回后，唱出动听的歌给树听。第二年春天鸟儿飞回来，却发现这棵树不见了。伤心的鸟儿飞到树桩前、飞进山谷里，来到伐木工厂，来到一盏用这棵树做成的火柴梗所点燃的灯火前，找它的好朋友。课前与课后，我咨询过很多教师，有的说本文重在“环保”引领，有的说重点突出“诚信”二字。查阅资料，几乎再没有第三种声音。笔者拿到教材，第一感觉作者写作《去年的树》本意绝非这样。教学中，与学生一道查寻作者写作的年代——抗日战争时期，又结合作者是一位日本女青年这一身份，抓住童话体裁特征，悟出那棵树多像是作者的一位已经去世的朋友，或许是恋人、朋友、亲人等，因冬天（象征着战争或其他人为灾害）的到来，使得他们不得不离开。鸟儿第二年回来之举，多像是作者第二年回来时，因朋友的离去，通过文字倾诉对朋友深深的怀念。理解文本时，师生通过触及作者入笔时伤痛欲绝，最终激起了师生对和平生活的向往，也多有麻辣教学之味。试想此课的教学，如果那时借鉴他人的经验简单处理成“环保”教育、“诚信”教育，便可推测将会是什么样的麻辣之味充塞着课堂。

需要品味高的“生活麻辣课堂”

请看著名特级教师于永正老师的精品课——《草》。

案例三：

他在教学的巩固阶段，创设了学生背诗给家人听的情境。教师先后扮演了妈妈、哥哥、奶奶。下面是一个给“奶奶”听的片段。

师：现在，我当你奶奶。你奶奶没文化，耳朵有点聋，请注意。

生：奶奶，我背古诗给您听听好吗？

师：好！背什么古诗，什么时候学的？

生：背《草》，今天上午刚学的。

师：那么多的花儿不写，干吗写草哇？

生：（一愣）嗯，因为……因为草很顽强，野火把它的叶子烧光了，可第二年又长出了新芽！

师：噢——我明白了。背吧！（生背）

师：“离离原上草”是什么意思，我怎么听不懂？

生：“离离”就是很茂盛的样子。这句诗是说，草原上的草长得很茂盛。

师：还有什么“一岁一窟窿”？（众笑）

生：不是“一岁一窟窿”，是“一岁一枯荣”。枯，就是干枯；荣，就是茂盛。春天和夏天，草长得很茂盛；到了冬天，就干枯了。

师：后面两句我听懂了。你看俺孙女多有能耐，小小年纪就会背唐诗。（众笑）

反思：

试问于永正老师在课堂上演的麻辣戏，除了搞笑，能让人抓住什么？听众反刍，自会明白课的高明之处，不仅在于老师将学科教学内容做艺术化处理，融入生活麻辣教学情景，寓教于乐，更在于他所运用的一切教学的手段都直奔教学目标。

麻辣课堂并不复杂也不神秘。其实，从于老师的课中已能让人感受到麻辣课堂从来不会漫无目的，在它的背后，是教师从学生心理需求和接受程度出发的各种新鲜思考，以此达到走进学生的心灵世界、生活世界和学习世界的目的。据此，有相关专家如此总结：迂回出击、角色体验、头脑风暴和以爱换德就是实现“麻辣教学”的常用之法。

【课例解读】

品味高雅的生活麻辣课堂是课改的一种结果，是一种不可苛求的状态，对麻辣的追求离不开认真、长久的积累。创建品味高的生活麻辣课堂，将会是新课改的一种追求。

通过研读一些品味极高的生活麻辣课堂的课例，我们会发现，在那些课堂上有一个最显著的特点：教学的技巧多从微观着手，教学效果多通过细致入微处体现学科本色。须在以下几方面同时着力，方能有所得。

首先，生活现实与教学目标的相关性非常重要，生活现实越体现学科学习目标，就越对学科教学有利。如《“红领巾”真好》这一课的教学，如果教师将少先队员保护小鸟这一内容（他们一是“放鸟巢”让鸟儿有安全舒适的窝；二是放置木牌，警告人们“不许打鸟”）与现实生活中一些关于小鸟如何帮助人类，而人类又如何使小鸟受到伤害紧密结合，可以想象这样的教学，其生成的生活麻辣课堂一定会少些庸俗之举。

其次，分析现实生活时要把学生的主要注意力集中在生活现实的学科问题上，不要让其他因素干扰了学生对学科问题的思考。如，“想当赌王先学好数学”这话其实在教学中如果变换一个角度问：“想揭穿那些赌局骗人的秘密吗?”就会产生不同的教学效果。不少课堂多因教师一念之差偏离了对学科问题的思考，有心的教师只需稍作调整就能化腐朽为神奇。

再次，要有效利用生活现实中的经验促进学生学习和发展。回过头来，再看于永正老师的课，他所创设的奶奶听孙女背《草》的教学情景：奶奶没文化，耳朵有点聋，“那么多的花儿不写，干嘛写草哇”，“‘离离原上草’是什么意思，我怎么听不懂”，“还有什么‘一岁一窟窿’”等，试想要是其他教师的课也有如此的生活麻辣之味，激起学生的学习之欲后，还用得着去苦心经营，调动学生的学习兴趣吗？

最后，面对生活化理念，做“笨鸟”而“后飞”，这同样是值得我们提倡的。品味高的生活麻辣课堂，实是课程新理念的结晶，教师不好高骛远，练好扎扎实实走好每一步的基本功，同样重要。这也给教师素养提出了新的要求，如向着麻辣教师发展、能使追求优秀成为一种习惯、做信息社会的活动家等，这些都应是教师为之奋斗的方向。

关键词，不容忽视的教学资源

冯金刚

俗话说，画龙还须点睛。同样，在语文教学中，关键词就是语段、文章中我们所要点的“睛”。教学中教师若善于抓住关键词这一重要的教学资源，认真咀嚼、细细揣摩，就能收获简单高效的教学效果。但是，在具体的教学中，有的老师对关键词把握得不够、体会得不深、教得不巧，从而造成学生对课文理解不深刻，情感体会不透彻。因此，教师应针对不同的文体特点、不同的语言环境，灵活地选用恰当的方法引导学生感悟、品味关键词，以求收到事半功倍的效果。

【新课案之课例】

《爱如茉莉》（苏教版第十册第16课）教学片段

课文语例：“然而，爸爸没有吃我买的饺子，也没有听我花尽心思编的谎话，便直奔医院。此后，他每天都去医院。”

师：自读这一句话，写了什么？

生自读。

师：谁来说说？

生：写了爸爸知道妈妈生病了，便直接去医院看妈妈。

师：这个句子中哪个词表示“直接”的意思。

生：直奔（bēn）。

师：（相机正音。）这个词读直奔（bèn）。bèn 是有目的的，bēn 是无目的的。一起读读这个词语。

师生齐读。

师：你从这个词语中感受到了什么？

生：我感受到爸爸心里很焦急。

生：我感受到爸爸很担心妈妈。

师：是啊，你们体会得真好。来，一起读读这一句话。

生齐读。

以上教学过程，看似思路清晰，字词落实到位，情感把握准确，既有对易错词语的相机正音，也有透过重点词语对人物内心情感的体会，并且引导学生在理解的基础上进行了有感情的朗读。然而，细细品味，我们不难发现，教师在对重点词语“直奔”的教学过程中，还仅仅停留在静止状态上对词语的理解，学生的思维并没有真正被激活，学生的生活实际并没有透过“直奔”这一关键词细致地得以显现。著名特级教师薛法根说：“词语是有温度的！”透过“直奔”这一关键词，我们仿佛感受到爸爸出差回来后，那疲惫不堪的身影；我们仿佛看到了爸爸回家后，知道妈妈生病住院，不顾一切，飞奔下楼，坐车径直去了医院的情景。这样一来，“直奔”的画面更形象、更可感、更细致、更贴近生活。学生就可以从平平常常的生活画面中，从人物的动作、神态、语言中，去领悟爱的真谛，明白爱不需要轰轰烈烈，爱不需要豪言壮语，爱就如茉莉般平淡无奇、洁白纯净，却又能给人送来缕缕幽香。如此教学，也犹如茉莉花香般清新怡人。

《二泉映月》（苏教版第十册第9课）教学片段

课文语例：“他想起了师父说过的话，想到了自己坎坷的经历，渐渐地，渐渐地，他似乎听到了深沉的叹息，伤心的哭泣，激愤的倾诉，倔强的呐喊……”

师：如果用一个词来概括阿炳辛酸的生活，你想用哪个词语？找找看，作者用的是哪个词？

生：“坎坷”。

师：知道什么叫“坎坷”吗？

生：本意指道路、土地坑坑洼洼；文中指阿炳的人生充满艰辛。

师：书上哪些地方写了阿炳的坎坷经历？找出来读一读。（课件出示）

生：“十多年过去了，师父早已离开人世，阿炳也因患眼疾而双目失明。他整天戴着墨镜，操着胡琴，卖艺度日。”

（教师相机补充：阿炳4岁死了母亲，21岁得眼病，35岁双目失明，只好卖艺度日。引导再读。）

生：“他多么希望有一天能过上安定幸福的生活啊！”反衬现实中的坎坷。

师：书上写的坎坷太少了，而阿炳经历的坎坷又太多太多。我们不妨借助想象，走进双目失明的阿炳那坎坷的人生。

课件出示情境：

情境一：夏天，骄阳似火，烈日炎炎，阿炳是怎样卖艺的？

情境二：冬天，大雪纷纷，寒风刺骨，阿炳是怎样卖艺的？

情境三：一天，阿炳生病了，全身发抖，他又是怎样卖艺的？

（学生选择情境，练习写话。并配以《二泉映月》的二胡曲独奏。）

这是一篇情感较为深沉的课文，它用诗一般的语言凝练地描述了民间音乐家阿炳富有传奇色彩的一生。由于年代的久远，对阿炳怀才不遇的悲惨身世，学生把握得很肤浅、很单薄。教学本课时，教者在关键词“坎坷”上大做文章，借助学生已有的生活实际，创设情境引导学生进行合理的想象，走进阿炳那苦难的一生、光辉的一生。此时此刻，“坎坷”这一关键词，已融入了阿炳的生活，学生透过它，触摸到了阿炳所经历的那一幕幕的生活画面；它将学生的情感、作者的情感，与主人公阿炳的情感融汇在一起。就着情境，“坎坷”拉近了我们与阿炳的距离；借助想象，我们可以体味阿炳辛酸的人生经历。在突破关键词“坎坷”的基础上，再一次让学生感悟“渐渐地，渐渐地，他似乎听到了……”，学生就会有新的发现，他们真正才能听懂那“深沉的叹息，伤心的哭泣，激愤的倾诉，倔强的呐喊”所包容的复杂而又酸楚的情愫。

《只有一个地球》教学片段

师：用你们那敏锐细腻的心灵再细细地去感受那段文字，读着读着你们会发现“生态灾难”这四个字，它已经不是四个字了，在你们眼前，你们仿佛看到的是什么？（师引读）

生齐读：“人类生活所需要的水资源……受到严重的威胁。”

师：威胁，读着读着，看着生态灾难这四个字，看重重的三角符号，这个时候，在你的眼前，你看到的仅仅是这四个字吗？

生：不是。

师：不是，你看到的是什么？

生：看到了许多受到危害的地方人类所受到的伤害，像大洪水啊、沙尘暴啊什么的。

师：是，在她面前生态灾难这四个字成了大洪水，成了沙尘暴。

生：在你的眼前，这四个字成了什么了？

师：在我的眼前，这四个字让我仿佛看到了地球上的资源正在渐渐地消失。

生：他看到了地球的资源正在慢慢地消失啊。

师：你们看到了什么？这四个字在你们的眼前仿佛变成了什么？你说。

生：仿佛变成了……

师：我相信它已经不再是四个字了，是吗？你仿佛把它看成了什么？

生：给人类带来严重威胁的灾难。

师："给人类带来严重威胁的灾难"，好，这是你看到的，好，你来说，这四个字仿佛变成了什么？

生：这四个字仿佛变成了人类的杀手。

……

以上片段是特级教师王崧舟执教科普说明文《只有一个地球》的情景，教者以深沉厚重的诗化语言激活了听课学生、教师的环保意识。在教学中，王老师抓住了文中的关键词"生态灾难"，进行了相应的联想、拓展、升华。这本是一个单调、枯燥的环保科学名词，显得很空洞，学生理解起来有一定难度，因此最开始学生把它误解为"大洪水"、"沙尘暴"。慢慢地，在王老师的引领下，"生态灾难"被一个个具体的画面激活，这一科学名词变得具体、形象、可感，"生态灾难"的张力也释放开来，于是学生头脑中的画面更加丰富，情感愈见浓厚，课堂教学的精彩场面层出不穷、此起彼伏。

【课例解读】

关键词在一篇课文中虽然只是冰山一角，但如果教学中处理得好，处理得巧，处理得妙，就可以起到出奇制胜、推波助澜的教学效果。

对于关键词的理解、感悟，不可能全面开花，要合理选择、巧妙设计、扣住要点、重磅出击。正所谓“伤其十指，不如断其一指”。当然，这就要求教师在教学中，首先要深入地钻研文本，根据单元的教学重点，课文的教学重心，确定相应的关键词进行突破，以期达到“师教有所得，生学有所获”的目的。

对于不同的关键词，教师还要狠下工夫，善于用不同的教学方法去引导学生解读。如在案例一中，我们可以“联系生活，还原情感”；在案例二中，可以“创设情境，丰满形象”；在案例三中，则是“激活画面，感受张力”。当然方法可以根据不同的关键词加以灵活运用，以求达到最好的教学效果。如《艾滋病小斗士》（苏教版第九册15课）一文中有这样一句典型语例：“小恩科西的生命也许是南非所有患艾滋病的孩子中最强的，他竟然一直挺到了上学的年龄。”在感悟关键词“挺”的教学中，我采用“找近义词，对比悟情”的方法，让学生感受到“挺”不仅有不容易之意，更重要的是它还传递着“恩科西一直都在坚持，没有放弃，他自始至终都在和艾滋病作抗争，他不愧是‘艾滋病小斗士’这样的信息”，让学生感悟关键词在文章中所传递的情感，感受关键词的魅力。

如果说情感是文章的生命线，那么品味关键词就是领悟情感的依托。作为一名语文教师，教学中我们要善抓、巧抓关键词这一重要的教学资源，去收获它带给我们的感动与震撼。

追寻“瑰宝”与生活的结合点

康铭志

精炼隽永的古诗是中华民族文化的瑰宝。它不仅是诗人才华横溢的结晶，志向高远的表现，也是诗人敏锐的观察力，丰富的想象力，高超的语言表达技巧的集中体现。但现在的绝大多数学生独独对古诗提不起兴趣，除了其年代久远、语言文字特点与现代白话文不同等客观原因外，古诗的传统教学形式无疑从中起到了推波助澜的消极作用。把古诗与学生的生活经验紧密联系起来，才有可能让学生在现代生活中感受祖国的灿烂文化，吸收民族的文化精髓，提高审美品味和语文素养。

【新课案之课例】

“古诗词的积累和运用”专项训练题选

1. 雪是美的，在诗人岑参的眼里，雪美丽如花，真是________。但雪也会给我们带来灾害，给人们生活带来困难。然而，面对雪灾，人们却众志成城，万众一心，奋力抗灾，正如陈毅爷爷所说的__________。

同样是雪，不同的诗人从不同的角度赋予它不同的内涵，正如苏轼看山一样__________。

2. 为了迎接北京奥运会，举国上下掀起了“绿色奥运、科技奥运、人文奥运”的热潮，祖国面貌焕然一新，真是毕竟北京八月中，__________。当奥运圣火登上珠峰之巅时，我们掩饰不住内心极度的喜悦，那真是__________。我们相信奥运健儿们一定会在即将到来的奥运会的赛场上为祖国争光添彩，相信我们的祖国也会更加繁荣安定，喜人的前景必定会像那满园春色__________。

其实，古诗也是诗人的有感而发，心境写照。案例中试题的形式，在课改以来被广泛运用。即使在低年级的考试中也很少再有诸如“默写”、“写诗意”的形式，取而代之的是“当你看到有人浪费粮食时，你想到了哪句古诗？”等等。这种评价考核形式的转变是否可以给我们这样一个启示：古诗并不局限于背诵积累，更要“学以致用”。当生活情景与古诗情境交汇时，要鼓励生活在现代的学生们巧妙地运用古诗。培养学生将所学的古诗正确、合理地运用于生活之中的意识和能力，让他们在生活中感受诗情、诗意，这样才能让学生逐步爱上古诗。

《泊船瓜洲》教学片段

师：(出示挂图) 家乡近在咫尺，却迟迟不能归，如果你是王安石，来到江边，望到了对岸，你会怎样想呢?

(仅有十几个同学举手，找两名同学回答，均是看着挂图说说古诗大意。)

师：我们学习过那么多古诗，你能像诗人一样，触景生情，吟上几句吗?

(学生不自信，有的为难地笑，轻轻摇着头，有的没反应。)

师：我们小组合作完成好吗?

(学生放松了许多，兴趣盎然。大约三四分钟后，学生思如泉涌，一首首诗作应运而生。)

生1：《思乡》。近处停泊几条船，远处座座是青山。遥望滚滚长江水，临近家乡不能还。

生2：《望长江有感》。江水滔滔碧连天，江南美景赛画卷。无心把它来观赏，只想早早把家还。

生3：《思乡情》。滚滚长江东逝水，两只白鹭天上飞。春风又绿南北岸，思乡心切人难回。

生4：《还乡吟》。身在江边望家乡，只因重任在肩上。遥望江南花草绿，月光在上送还乡。

……

案例中教师创设情境，让学生假想自己站在长江北岸吟诗写话。虽然诗作略显稚嫩，但童心与诗心原本都源于生活中的纯真与激情，二者的碰撞、交流、对话，远比我们满脸暮气的成年人解读诗歌更加鲜活，更有灵气，更具个性化色彩。实践证明，学生的潜力是无穷的。他们是一支支待燃的火炬，老师的任务是点燃他们，而不是靠沉重的说教和枯燥的讲解熄灭他们学习知识的欲望和燃烧的火种。古诗教学同样可以寻找古诗与学生的契合点，唤起学生的生活体验，诱发学生的创造潜力，让学生在语文实践中大胆创新，提高语文素养。

【课例解读】

人们常说："熟读唐诗三百首，不会做诗也会吟。"古人尚且能吟诗作对、出口成章，现代人怎么就不行？我们的语文教学怎么了？竟令无数学生望"语"兴叹，提"文"色变！

如果古诗教学还是过多地注重语文课程的工具性，枯燥地逐字逐句解释，机械地识记背诵，就会把一首首文质兼美、风格多姿、脍炙人口之作分割得支离破碎，学生又怎能感受到其魅力所在呢？

课堂小天地，天地大课堂。《课程标准》指出：语文课程应植根于现实，面向世界，面向未来。应拓宽语文学习和运用的领域，注重跨学科的学习和现代科技手段的运用，使学生在不同内容和方法的相互交叉、渗透和整合中开阔视野，提高学习效率，初步获得现代社会所需要的语文实践能力。开放古诗教学，更加不能与生活相离，只有让学生在生活中发现、积累、体会、运用古诗，才能更好地继承和发扬民族文化遗产。搞好古诗教学，关键要注意以下几点。

首先，要找准学生的兴趣点，激发他们学习古诗的热情。学生学习古诗不是一朝一夕的事情，是不断累积的过程。教师要坚持树立大语文教学观，不局限于课堂，不局限于教材，把古诗的意境再现于学生眼前，在交替重叠中寻找结合点，完成对诗的品味，让学生快快乐乐学古诗。春暖花开，学习《咏柳》，领会诗人借赞柳树颂春天的情感；辞旧迎新，背诵《元日》，感受节日的喜庆氛围。教师搞活教学形式，运用各种教学手段，营造愉悦的氛围，创设与诗人产生共鸣的生活情境，激发学生的阅读期待，再学习古诗，往往能达到“润物细无声”的效果。

其次，要找到学生生活与古诗的结合点，即触点，运用古诗。教师要善于把古诗融进日常的学习和生活中，让学生满怀诗情、满眼诗意、满口诗香。春游时来句“绿边山原白满川”；清明祭扫吟句“清明时节雨纷纷”；转来新同学道声“笑问客从何处来”；同学进步，互相勉励“欲穷千里目，更上一层楼”。当学生触景吟诗成为一种意识、一种习惯，能把知识积淀转化为文化素养时，从“量变”转化为“质变”也就不远了。

更重要的是，还要鼓励学生在习作中运用古诗文。可以是引用诗句，也可以是运用写作技巧，还可以是引导学生据诗作文。即以诗文的意境为基础，诱发学生的创造潜能，对古诗进行仿写、续写、改写、对话等。让学生在古诗的简单应用中，感受无穷乐趣，在实践创造中，提升文化素养，这样才能形成古诗阅读的良性循环。

另外，古诗具有“诗中有画、画中有诗”的特点。跨越学科间的界限，加强古诗与学科间的融合，将不同内容和方法加以整合，也是让诗中画面和诗人情感在学生的头脑中“活”起来的有效方法。如，《泊船瓜洲》用简笔画理清地理位置；《暮江吟》根据诗句内容画一幅画（画配诗）。让学生搜集所学诗句的背景和相关故事，了解历史知识和历史人物，等等。让古诗走进生活，才能让生活中处处有“诗”。

“沉舟侧畔千帆过，病树前头万木春。”追寻古诗与生活的结合点，古诗词教学才会焕发出活力。让现代的孩子说一声“古诗，我爱你！”应是每一位语文教师奋斗的目标。

为学生思维开一路绿灯

朱先云

新课标的理念，带来了一场教学革命，给课堂教学注入了无限的生机。语文课堂成了“诵读场”、“情感场”、“对话场”……我觉得语文课堂更应成为学生神思飞扬的“思维场”。最近听了几节课，对于教师努力体现新课程思想的“课堂语言”，笔者印象深刻，但又为教师人为地干扰学生“思维”的现象而感到惋惜。

【新课案之课例】

“自主”的背后是“无序思维”

现象一：

师：（初读文时）请同学们用自己喜欢的方式读课文，画出自己喜欢的语句。

（研读课文）请同学们用自己喜欢的方式学习课文。

（读书汇报）读出你最喜欢的一个自然段或一句话。

现象二：

师：课前老师布置搜集有关《莫高窟》的资料，现在谁来汇报？

生：我来，我来！（学生热情高涨，还没等一个说完，另外的已迫不及待，有的甚至已经随意大声地说起来。）

师：（不停地）你说！你说！

剖析：

执教者以及不少听课者一致认为，“用自己喜欢的方式读课文，画出自己喜欢的语句”、“用自己喜欢的方式学习课文”、“读出你最喜欢的一个自然段或一句话”、“你说！你说！”这些话语体现了教师把学生的“喜欢”放在第一位，鼓励学生人人参与资料的搜集与交流，气氛活跃，拓宽了学习的渠道，使学生成了课堂的主角。

学习需要学生的兴趣投入，教师也应该创造条件为学生的成长搭建舞台。但我们看到，一方面，学生各自为政，你读喜欢的这一句，他读喜欢的那一句，你谈对这一句的理解，他谈对那一句的理解，把“活生生”的课文“肢解”得七零八落；另一方面，你汇报你的资料，我争取我的机会，学生只顾自己“表演”，至于别人说了什么，不关其事。学生的思维始终处于一种无序状态，严重地破坏了课文的整体美。这样，不利于培养学生思维的条理性、层次性和严密性。

“民主”的实质是“无我思维”

“这些问题我们课后再研究，好吗？”

现象三：

《爱因斯坦与小女孩》教学片段：

师：通过刚才的朗读，你读懂了什么？还有什么问题需要问吗？

生：爱因斯坦连衣服都穿不整齐，他怎能算是最伟大的人呢？

师：很好，这些问题我们课后再研究，好吗？下面请带着这样的问题读课文，课文主要写了小女孩与爱因斯坦几次相遇，分别是在什么情况下发生的？（板书：相撞　相遇　相约）

剖析：

表面看来，教师很好地体现了教学民主，目中有人，课堂上关注的是学生读懂了什么、学习中的迷惘。对课堂上解决不了的或是不想探究的问题，“高明”的教师总是这样说：“这些问题我们课后再研究，好吗？”、“下面请带着这样的问题读课文。”课堂上不能一味地迁就学生，需要恰当地引导，但也不能忽视学生的阅读期待啊！对于学生来说，大脑是自己的，而思维却总是围绕着别人提出的“非感兴趣”的话题，怎么能迸发出灵感的火花来呢？由此看来，学生的厌学以及思维的钝化，也就不足为奇了。

“著名的科学家为什么衣服穿不整齐？他是不是个伟大的人呢？”多有价值的问题啊！由此驱使学生读书探究、辩论，从而使学生统领全篇的能力得到增强，辩论中必定会呈现无法“预约”的精彩。可惜，可能闪烁的火苗过早地被教师无情地掐灭了。

“精彩”抹杀的是“创新思维”

“请学着太阳公公的样儿一起读！”

现象四：

《蒲公英》教学片段：

师：（课件出现太阳公公对蒲公英种子说的一段话）太阳公公是怎么说的呢？请欣赏。

（学生听录音，欣赏多媒体展示的太阳公公说话的形象以及语气）

师：太阳公公说得好吗？请学着太阳公公的样儿一起读！

（学生练读，看谁读得最像太阳公公）

……

师：金光闪闪的沙漠和银花朵朵的湖泊，见过吗？想看看吗？

（多媒体演示精彩美景，学生不住地鼓掌赞叹）

剖析：

爱因斯坦说过：“想象力比知识更重要，因为知识是有限的，而想象力概括着世界上的一切，推动着进步，并且是知识进化的源泉。”小学生正处于爱幻想的年龄阶段，他们是最具想象力的。记得前几年有这么一幅漫画，意思是说学生进校时头脑中装满了问号，而走出校门时，已经全变成方形或圆形。我常常在思考：学生的想象力跑到哪儿去了呢？课堂上多媒体演示多么精彩！一堂课下来，学生都变成“语重心长的太阳公公”，只要提到“沙漠”和“湖泊”，学生的头脑中都会呈现出那金灿灿和蓝盈盈的画面。个性化阅读、多元化解读，学生丰富的想象力和创新意识，就是这样在师生一片叫好中失去的。课堂越来越“精彩”了，可是学生的想象力愈来愈“衰竭”了，这不能不引起我们深思。

“多情”酿成的是“弯路思维”

“能再说说花园吗？”

现象五：

《莫高窟》教学片段：

师：同学们请看这一段话：“壁画上的飞天，有的臂挎花篮，采摘鲜花；有的怀抱琵琶，轻拨银弦；有的倒悬身子，自天而降……”这里连用了五个“有的”，是什么句式啊？

生：是排比句。

师：对，排比句用相同的句式表达丰富的内容，还能增强语势，让我们看到了飞天的美丽多姿，能用同样的句式说说花园吗？

（学生描述花园里的花，有的含苞待放，有的怒放，有的刚刚凋谢……）

师：我们的花园真美呀！看来同学们都能用“有的”造排比句了，你们真的很聪明呀，让我们再来看莫高窟的飞天吧！

剖析：

课堂上类似的例子并不少见，中间这一段的“插曲”确实让学生巩固了排比句式，但从“飞天”到“花园”，偏离了学生思维的正常“航线”，再由“花园”返回“飞天”，人为地让学生的思维绕了一个大圈。

【课例解读】

自主学习，不能简单地理解为教师给学生提供更多的表现机会。高效的课堂不但要鼓励学生积极思维、表达，更要引导学生学会倾听、学会应答。

其实，现象一当中教师的方法未尝不可，只是需要在学生充分感知课文和学生学会倾听的基础上进行。现象二可以先选择一名学生搜集的资料为基本版本，在其基础上，对资料不周全的地方由学生进行必要补充。只有这样，才能真正达到资源共享，使学生学会倾听、学会合作、学会借鉴、拓宽信息面的目的。

都是“训练惹的祸”。“训练”本身有错吗？没有，其实对现象五中的教学片段我们可以这样调整：“同学们这里为什么用了省略号呢？请观察这些壁画上的飞天，你能通过想象，依照上面的句式再描述两三个你眼中的飞天吗？”这样通过思维把学生的观察、想象与语言训练有机地融合到一起，从而收到事半功倍的效果。

如果唯训练而训练，就会人为地造成思维的断路和短路，学生在思维的断断续续中，怎么能形成智慧的底色？又谈何创新呢？

帕斯卡尔说过：“人是一根能思想的芦苇，人因为思想而伟大。”孔子也说：“学而不思则罔，思而不学则殆。”学生的理解、积累、发现和创造都是靠思维来支撑的，只有提升教师的课堂引言艺术，才能为学生思维打开绿色的通道。在宽松的课堂气氛中，保持思维的畅通，学生才会有灵感的闪现，才会走进、创造一个崭新的世界。

表演，激活课堂的奇石

唐爱莲

特级教师周一贯说："课堂表演最能激活课堂的生命力。"确实，课堂表演是学生喜闻乐见的自主学习方式。恰当运用表演，能有效调动学生的学习热情，一石激起千层浪，激活学生的思维，活跃课堂气氛，加深学生对课文内容的感悟，促进课文思想的内化，使学习成为一种愉悦的精神享受。

而如今的课堂乱用和滥用表演的也屡见不鲜，或绚丽缥缈、轰轰烈烈、热闹非凡，或拘谨别扭、缩手缩脚、演技粗滥，或不符情境、画蛇添足、反增笑料……结果适得其反。

【新课案之课例】

失败的"演出"，污浊课堂的"泥块"

案例一：

W老师教学《清平乐·村居》，初读全词后师提问："你看到了什么？"当学生提出看到翁媪时，让学生扮演"翁"和"媪"，进行对话表演。

师：谁来演老翁？好，你来。（一男生举手，师点他。）

师：谁来演"媪"？也就是老翁的妻子，孩子的妈妈。（生嬉笑，没人举手。）

师：谁来推荐一位女生？（几经推诿，终于一女生被推，羞涩站起。）

翁：这里的景色多美。

媪：是啊。

翁：我们的孩子多懂事。（生笑）

媪：是啊，大儿子去锄豆，小儿子织鸡笼。

翁：最好玩的是小儿子，你看，他在溪边剥莲蓬。

反思：

词内容简单，意境优美，表演“翁媪”对话可突出村居生活的和美幸福。然而，W老师忽视了学生的身份，忘记了情感铺垫。孩子对“翁媪”的陌生，对“夫妻”朦胧的敏感，让他们羞涩，表演显得忸怩、僵硬、狭隘，对话仅是对文本内容的简单重复，缺乏想象和生活情趣，那种“醉里吴音相媚好”的感觉浑然不在。

案例二：

D老师教学《小稻秧脱险记》，请学生表演杂草与小稻秧抢营养，学生兴奋不已，抢着上场，连推带搡，嚷着：“给我营养，给我营养，不给我就抢！”几乎将小稻秧推倒在地。教师只好喝止，匆匆收场。

反思：

D老师是模仿于永正老师的课堂而进行的表演，遗憾的是她只模仿了特级教师的形式与手段，却忽视了于老师在和学生共同表演时是紧扣文本中“气势汹汹、蛮不讲理、不由分说”等词语的。因而，这场“表演”成了一场闹剧。

案例三：

Y老师教学《最大的麦穗》，让学生用文具当麦穗，点名让几个学生表演寻麦穗的过程。学生随意地穿行，然后，两手空空地走到尽头。接着，老师询问他们寻找麦穗未果的心情。再请学生想象地里的麦穗会对他们说些什么。接着就进入了下一环节。

反思：

学生寻找麦穗的过程简单易懂，学生通过文本阅读立刻就能明白，不一定需要表演。而且，寻找的过程比结果更值得推敲，Y老师让学生表演完后，就直接问其对结果的心情，显然是避重就轻，为表演而表演了，这样的表演在课堂学习中便毫无意义。

精彩的演绎，激活课堂的“奇石”

案例四：

S老师教学《世界多美呀》第二自然段时，采用了一边表演、一边读文的方法。

师（和孩子一起双手合拢，模仿小鸡的小尖嘴“啄呀啄呀”）：啄破了吗？

生：没有，我们才啄了两下，书上说啄呀啄呀，啄了很久。

师：什么叫很久？

生：很久就是很长的时间。

师：那咱们继续啄。啄呀啄呀啄呀啄呀……（啄十余下）

师：现在你觉得怎么样？

生1：我觉得有点累了

生2：我的小尖嘴都快变成鸭子嘴了。（众笑）

师：那我们停下来，不啄了好吗？

生：不行。

师：为什么呀？

生1：不啄就见不到妈妈了。

生2：不啄就见不到外面的美景了。

生3：坚持到底就是胜利！

师：对呀，那咱们再接着啄，啄呀啄呀，终于啄出了……

生：一个小小的洞眼！

师：说说，你从这小小的洞眼里看到了啥？你的心情怎样？

众生守得云开见月明，一个个兴致高涨，发言精彩纷呈。

案例五：

Z老师教学《螳螂捕蝉》，一开课便明确说这个故事很适合表演，可把它改成剧本。

接着，引导学生给课文分剧幕。学生研读课文后，得出初步共识，分两幕，第一幕为吴王朝廷之上不听劝阻，下了死命令；第二幕为王宫花园里，少年讲故事巧劝谏。接着，讨论第一幕的地点、时间、人物、主要事件，师提出他做吴王，请学生准备准备。学生细读首段后，师生表演。具体实录如下：

师：现在，我是吴王，你们是——（学生：大臣），这儿是——（学生：朝堂）

师：朝堂之上，不得喧哗、嬉戏，须严肃恭敬，否则格杀勿论！（生肃然坐正，答：是！）

师：现在我吴国兵强马壮，国力昌盛，孤打算出兵攻打楚国，以壮我国威，丰我国力，不知诸位爱卿意下如何？

生1：大王，使不得。我国虽然现在兵强马壮，国力昌盛，可是，臣担心攻打楚国的时候，别的诸侯国会乘虚而入，攻打我国呀。

师：大胆，你身为吴国重臣，不为国分忧，前怕狼后怕虎，怎么干成大事？

生2：大王，臣也以为万万不可呀！我国攻打楚国，必然会实力受损，就算攻楚成功，可是，别的诸侯国趁机杀过来，我国可难以招架呀！

师：一派胡言，长他人志气，灭我吴国威风，实在可气，休要再言！

生3：大王……

师（打断）：谁也别再反对，孤意已决，谁再劝说，朕就处死他！

师接着问，还有谁敢来说吗？如果有人说，吴王会处死他吗？

此时补充比干剖心、伍子胥沉江的故事，营造“伴君如伴虎”的危险氛围。

再接着，引领学生分析、策划、记忆第二幕剧本内容，并提出谁的表现最精彩，就奖励谁演少年。由于第二幕内容丰富，采用分步走的方式。先记“螳螂捕蝉”的故事，再记劝说的经过。记故事时采用了关键词提示法降低难度；学生熟记故事后引导学生深入研读文本，领悟故事让吴王明白了什么道理。再带领学生研究少年的劝和大臣的劝有何不同。此后，再选出发言最精彩的学生来饰演少年和吴王（表演实录略）。表演后，又请学生对他们的表演进行评说。从评说中概括得出，表演时人物的语气、动作、表情等要符合人物的身份、心情等。最后，提示学生课后还可编演第三幕。

反思：

这两则表演案例都非常成功。

案例四的师生共同演读，像一颗奇特的小石子，激起了学生思维的“千层浪”，仿佛他们已化身为破壳的小鸡仔，睁亮小眼睛、叽叽喳喳地打量世界，诉说兴奋。

案例五整堂课紧扣文本，以“表演”为宝石，以学生的感悟为主线，将整堂课贯穿成一串精致美丽、光彩四射的项链。课堂气氛热烈，学生学习兴致高涨，笑语不断，思维敏捷，妙语如珠，精彩智慧的火花不断闪现。

【课例解读】

“演”就是这么一枚奇特的石，可以是学生学习的绊脚石，也可以是激发学习情趣、创设仿真意境、启迪学生思维、熏陶学生情感、绽放璀璨光彩的奇异宝石。那么，我们的课堂之中，怎样用好“演”，让它散发出智慧的光芒呢？

1. 用“演”释义，化抽象为具体

词汇教学中“要引导学生联系语言环境和生活实际理解词语”，

“对词语的理解重在感悟”。确实，孩子的语言、思维能力有限，了解词意也未必能用语言准确表达。而“表演”是语感外化的一种呈现方式；同样，也能帮助语意的领悟和内化。案例二中，D老师的失败正在于她设计的“演”没有与让学生将理解“气势汹汹、蛮不讲理”等词紧密相连，而成了空中楼阁，反之，于永正老师引导学生表演的同时，通过动作表情的定格，让学生明白了“气势汹汹、蛮不讲理、不由分说”。

“演”在词语理解中，是让孩子一目了然，同时也深入于心的“点睛之笔”。

2. 以“演”明理，化深邃为浅显

案例四中，S老师为让学生明白小鸡破壳的艰难，没有进行空洞的说教，而是和学生一起“啄呀啄呀”，“啄破了吗?”让学生找出文本中“啄了很久”，再接着“啄呀啄呀”又啄了很久，最后“才”啄出了一个小小的洞眼。中间通过问感受，让学生明白破壳的艰辛；又劝学生放弃，学生不肯，悟出了“凡事要坚持到底，守得云开方能见月明”的道理。

案例三如若用得好，也可让“演”为“理”服务，比如教师引导学生观察寻找麦穗的人。如有表演错误的，则请纠正。若均对，可采访：“你是怎么找的呀?”“你找到了吗?”“你曾经找到过吗?”“你回头了吗？为什么不回头?”等等，让学生在“演”中践行文本，体会规则；“演”后研究文本，探寻哲理。

“演”在哲理深邃时，是拨开笼罩其上烟雾云团的“化解之石”。

3. 设“演”悟情，变疏远为亲近

案例四中，学生长时间演“啄”，仿佛置身蛋内，终于啄出一个小小的洞眼后，心中涌满对外面的世界的渴望。再请他们表演，说说看到了什么，自然是思如泉涌，情溢于色。

案例一中的“演”，教师如若在演前铺垫、演时调控得好，学生应该也能丢开羞涩，置身于情境之中，演绎出“醉里吴音相媚好”的醉人情怀。

“演”蕴于情，是引领学生披情入境，引起共鸣，启迪思维，发展语言能力的“迷幻之石”。

教师必须明确，课堂中一切的“演”都是为学生阅读理解文本服务的，它只是实现目标的手段，但又应是最合适、最有效的一种手段，在课堂上起到引导全体学生体会角色、感悟文本动态生成的作用。让我们一起深谙课文，精于设计，精心用好“演”这块小小的奇石，在小语课堂的清渠中，巧妙地激起学生思维、情感的千层浪花吧。

猜读，对话的有效策略

曾扬明

一个人在阅读一本书或一篇文章的过程中，往往会依据文本的文字，对还未看到的内容或围绕文本的空白点进行推想猜测。如，看到文本前面的内容，猜测后面的内容；读到文本的空白点，猜测其弦外之音。这种阅读方式我们把它定义为猜读。猜读，可将自己猜测结果与原文或师生、生生之间的对话内容进行比较，进而提高阅读品质。这种边阅读边思考的猜读法，可以锻炼阅读者的思维能力和想象能力，使阅读者通过熟读精思、细心揣摩，达到对文本的透彻理解、深入领悟和融会贯通。笔者从第七届全国青年语文阅读教学观摩课中撷取一些教学片段试以赏析。

【新课案之课例】

质疑中猜读

福建陈智文《月光启蒙》片段：

师：你读了课文后，能提点有价值的问题吗？

生：为什么唱歌谣？

生：母亲不识字，为什么能启蒙她的孩子呢？

生：为什么要用“月光启蒙”为题？

师：一连串的问题，我们首先要明白母亲是怎么启蒙我的。下面请你们用横线画出母亲是怎么启蒙我的部分。

师：母亲怎么启蒙我？

生：母亲唱歌谣启蒙我。

生：母亲唱累了，给我讲嫦娥奔月的故事。

生：猜谜语。

……

云南张昆燕《珍珠鸟》片段：

师：能得到珍珠鸟一家两代的信赖，这是多么幸福啊。可是有人说这是一种怕人的鸟，可这胆小怕人的珍珠鸟此时如此信赖我，你想问什么？

生：既然这是一种怕人的鸟儿，为什么还会伏在作者的肩上睡着了？

生：它为什么会信赖作者呢？

生：作者是怎样让它信赖自己的？

师：大家的问题就在阅读提示中，大家读一读。

生：读一读下面的课文，想想我是怎样逐渐得到珍珠鸟的信赖的？

师：就带着这个问题潜心读书，边读边勾画重点的词句，然后在旁边写写你的感受。

生默读勾画。

……

评析：

质疑中猜读，往往是学生未接触课文之前或在课文的矛盾（冲突）处，产生“疑惑”，提出自己想知道的问题。在老师的诱导下，学生与文本“对话”，依据自己提出的问题寻找自己要的答案。上述两个片段中，陈老师让学生读完课文后提出有价值的问题，张老师抓住“鸟怕人为何又能信赖人”的冲突之处，引导质疑。学生对课文进行品读，与自己的阅读期待进行对照，审视自己的阅读理解能力。云南张老师“你想问什么”的提出，只不过是检验学生接下去的阅读和自己所期待的是否一样（即猜读的和实际阅读所得是否相符）。这样猜读有利于培养学生的问题意识，利于思维能力的发展。

想象中猜读

上海张筱琳《月光曲》教学片段：

师：你能不能把这几个词组连起来说说？

100 多年前　德国音乐家贝多芬　传说　故事（生读第一自然段）

师：读到这里，你觉得接下来会写什么？

生：传说中是怎样谱写成的。（生回答没有说“传说”，老师及时进行了补充。告诉学生“传说”可以有虚构的成分。生自由读课文。）

……

评析：

“读到这里，你觉得接下来会写什么？”这样的问题是让学生对自己的阅读期待进行验证，反思自己的“猜读”和原文的描述有何区别，自己的表达思路是否和原文一致。从阅读心理的角度来思考，这是“自上而下”的阅读模式。“自上而下”的阅读模式即一个人的阅读是一个预测下一步信息并作确定或否定的过程，强调的是读者已有经验的作用。在这个过程中，学生要依据自己的“阅读期待”，不时地进行阅读的反思和批判，不断地把握自我理解程度，判断与阅读目标的差距，并采取各种帮助思考和增进理解的策略。

练笔中猜读

内蒙古高娃《地震中的父与子》教学片段：

师：8 小时、12 小时、24 小时、36 小时，在这个过程中，父亲一定是非常痛苦的吧，他一定经历了很多的困难和危险吧，那么他经历了怎样的苦难呢？你能想象出他的动作、神情和他的内心吗？拿起你的笔，把你想象到的情景写下来。

师：父亲在用力挖着，在这个过程中，你仿佛看到了什么？

生：那位父亲用布满血迹的手在瓦砾堆上使劲地挖，用布满血迹的眼睛在努力寻找他的儿子，时间过得很慢，也很艰难，他的衣服破烂不堪，但他仍然在挖。

师：流血的岂止是父亲的双手，还有他的内心啊。

生：父亲不顾自己的安危，他心里想着的只有儿子，衣服破了，他依然坚持着没有放弃。

师：除了儿子，父亲此时心中完全忘了自己的安危。

生：这位父亲拼命地挖，一块石头接着一块石头挖，正是他想救儿子的心，让他忘记了伤痛，忘记了饥饿，忘记了寒冷。

……

评析：

想象猜读中练笔，即依据课文中的空白点（不确定点），把作者的情感融入自己的想象，再把作者的情感化为自己的文字。高娃老师引导学生想象猜测“父亲经历了怎样的苦难?”，让学生在联系上下文和自己的积累基础上去表达，推想课文中有关词句的意思，体会课文中这些“时间词”的表达效果。当然，学生的猜读表达，有可能偏离作者实际意图，但这是学生从自己的想象中寻找有关情感的线索，可以检验学生是否能激活合适的智能去预测及推想，是否能根据已有的经验去表达。

【课例解读】

猜读法实际是一种侧重于探究的阅读方法，是一种用创造的目光去分析研究文本的方法，通过阅读、猜测、推断、比较和思考，探究文本的意义和写作方法。猜读可以边读边思，读思结合，促使读者养成良好的阅读习惯，汲取文本中的精华及营养，促使读者提高阅读理解能力；可以在比较中寻找区别，获得真知，提高自己的鉴赏能力和创新意识。

咬文嚼字追寻本真

叶　刚

语文优质课优在哪里？一言以蔽之，便是须具有浓厚的“语文味”。那么什么是“语文味”？简言之就是要守住语文本体的“一亩三分地”，不折不扣地在课堂上体现“动情诵读、静心默读”的“读味”，“圈点勾画、批注书写”的“写味”和“品词品句、咬文嚼字”的“品味”。素有“语感派”之称的浙江省著名特级教师王崧舟认为，语文课堂如果缺乏必要的咬文嚼字、字斟句酌，则教学难免会因缺乏点的开掘而显得浮华、浅薄，语文的味道也就注定会被冲淡和稀释。因此，他在教学中十分重视引导学生对文本精妙之处的深入推敲和潜心体悟。

【新课案之课例】

“冒”字展蓬勃生机

《语文课程标准》指出：“在教学中尤其要重视培养学生良好的语感和整体把握的能力。”所谓“语感”，是指人们直觉地感受、领悟、把握语言文字的能力，也就是指对语言文字的敏感，它堪称一个人语文素养高低的标志。王老师执教的《荷花》，便是一堂以指导学生读书活动为“经”、以字词句操练为“纬”的语言训练课，尤其是他对于文中“冒”字的开掘更是令人难忘。

师：读了第二段，你们觉得哪个地方写得最美？可以在书上画一画，圈一圈。

生：我觉得“白荷花在这些大圆盘之间冒出来”这一句写得最美，特别是其中的“冒”字很妙。

师：噢，那你说说它妙在何处，好吗？

生：这个我却一时说不上来。

师：你能体会到“冒”字的妙处，已经很不错了。大家都请想一想，“冒”字和哪些字意思相近？

生：长、露、钻、伸、探……

师：那作者为什么用“冒”而不用这些字？大家再读读书就一定能明白。

（学生读书）

生：因为荷花是使劲长出来的。

生：因为荷花是精神抖擞长出来的。

生：我想，荷花一定是喜气洋洋地向上长的吧！

师：说得太好了！（点击课件出示荷花图）大家看，这就是从挨挨挤挤的荷叶之间冒出来的荷花。（课件播放荷花）你们想啊，这些白荷花冒出来以后，仿佛想干些什么？（组织学生想象写话后交流）

生：白荷花在这些大圆盘之间冒出来，仿佛想看看外面这个精彩的世界。

生：……仿佛想深深地吸一口新鲜的空气。

生：……仿佛在尽情地展示自己的美丽。

生：……仿佛在进行时装表演。

师：多么可爱的荷花呀！大家看，看上去简简单单的一个“冒”字，不但把白荷花写活了，而且使白荷花变得更美了。这是一种喜气洋洋的美！这是一种生机勃勃的美！

赏析

俗话说，有比较才有鉴别。王老师抓住文眼“冒”字而让学生换词比较，悉心揣摩，充分领悟到作者遣词造句之准。而之后顺势承接的想象及说话环节，则又让学生在文本的基础之上适度地超越文本，有效地促进了学生对语言文字材料的内化及拓展。学生正是在比较当中，才发现课文中语言运用的意蕴、情味和妙处，实现了对语境的独特感悟。

叶圣陶先生曾言：“语言文字的训练，最要紧的是训练语感。多读作品，多训练语感，必将渐能驾驭文字。”王老师“锁定”文章重点词，引导学生在精读细赏之后使课文烂熟于心，直至渗入潜意识之中。此种状态貌似雪泥鸿爪，无迹可寻，但若假以时日，学生稍有近似的情境诱发，便会瞬间“唤起”，巧妙串联，浑然一体，达到“天成的直觉、直觉的天成”般的境界。

一“笑”露英雄本色

《语文课程标准》倡导要“培养学生探究性阅读和创造性阅读能力，提倡多角度的、有创意的阅读”。小学语文名篇《草船借箭》，无论是从主题、人物看，还是从语言、风格看，都是实施“探究性阅读”教学模式的极好载体，重在培养学生多元感悟、自主发展的语文素养。王老师在教学该文行将结束时，以诸葛亮的“笑”字设疑，让学生的探究“风云再起”。

师：同学们，王老师在读课文的过程中发现了一个奇怪的问题，课文写诸葛亮的话共有11处，只有一处有提示语，而且是个“笑”字。请你联系课文，想想诸葛亮此时在“笑”谁？为什么而“笑”？请联系刚才咱们的讨论好好想想。

（学生再次研读课文后交流。）

生：诸葛亮在笑周瑜，笑他妒忌自己的才干，笑他设计圈套来陷害自己，结果却落空。

师：这是一种什么样的“笑”？

生：这是一种自信的笑，一种胜利的笑。

生：诸葛亮在笑曹操，笑他胆小如鼠、生性多疑，这是一种嘲讽的笑，一种鄙视的笑。

生：诸葛亮还在笑鲁肃，笑鲁肃宽厚仁慈、忠心为人，这是一种幽默的笑，宽厚的笑。

师：同学们，诸葛亮这一“笑”，“笑”出了他的本事，更“笑”出了他超人的智慧，难怪周瑜长叹一声，说——

生：（读）“诸葛亮神机妙算，我真不如他！”

师：那么，周瑜到底在哪些地方不如诸葛亮呢？请你把想到的写下来。

（学生写后交流。）

生：我觉得周瑜的智商不如诸葛亮，因为周瑜想到的是“造箭”，而诸葛亮想到的是“借”箭。

生：周瑜的胸襟不如诸葛亮，周瑜心胸狭窄，嫉贤妒能，而诸葛亮宽厚待人，善于把握全局。

生：诸葛亮考虑问题的能力、观察事物的能力，掌握天文、地理的能力都要胜过周瑜……

赏析

王老师抓住诸葛亮神秘的一“笑”和“周瑜到底在哪些地方不如诸葛亮”这两个关键点，适时、适度地巧问妙点，引导学生感悟隐藏其中的深刻内涵和众多信息，使学生对文本内涵的感悟更透彻，对人物形象的把握更准确。这样一来，诸葛亮大智大勇、傲视群雄的英雄本色显露无遗。

【课例解读】

著名小学语文教育专家周一贯先生曾评价王老师的课“重在发掘学生的灵性”，而实际上王老师的课本身同样也充满了“精致和谐、大气开放”的灵性之美。细细品味上述两则案例，似乎能给我们以如下启迪：

1. 主打语言文字。在教学中，浓墨重彩地进行咬文嚼字的处理，不仅让学生品尝到了十足的语文味，也为书香课堂的营构提供了强有力的支架。引人注意的是，学生对重点词句的品味和咀嚼，是随着文章的研读进程而自然生成的，而教师的左串右联则颇有点石成金的味道。

2. 追求亮点闪耀。在两篇课文的教学中，揣摩和精研关键字词的环节，无疑成为光彩夺目的喜人亮点。实际上，正如王老师本人认为的那样，语文教学中追求一些亮点设计是完全必要的。试想，演戏若太“文”了，观众会倦怠；而课如果太“平”、太“实”，也会令学生感到枯燥乏味。

3. 营造对话课堂。“阅读是读者积极活动的过程，读者带入这一过程的东西，往往比他从读物中所找到的东西更多更重要。”（弗西斯·格瑞莱特）而学生“积极活动”后的心得，须经师生平等对话方能尽显无遗。以上两例，未见教师强行灌输，但学生的解读和表达可谓透析入理、个性飞扬。

第二辑　让灵感之光在课堂中闪耀

鸟儿要有广阔的天空才能展翅高飞，马儿要有辽阔的原野才能扬蹄驰骋，孩子们要有广阔的空间才能发展。

——曾扬明

乡村习作课程必须关注和构建儿童的生活事件体系，使其习作能够和实际生活相互融通。

——彭　峰

“童化作文”关键字眼是“化”字，它体现了“童化作文”最基本、也最核心的教学策略——化作文于儿童的生活，化作文于儿童的天性，化作文于儿童的文化，化作文于儿童的创造。

——吴　勇

平淡即平实淡雅，不加色彩，不加修饰，不刻意雕琢，不做作矫情，不故作姿态，不故弄玄虚，是原色、原汁、原味，是本色语文、本体语文、本真语文。

——杨在隋

捕捉学生心灵的独特体验

曾扬明

《语文课程标准》明确指出：为学生的自主写作提供有利条件和广阔空间，减少对学生写作的束缚，鼓励自由表达和有创意的表达。这就要求我们根本改变以往那种光讲作文方法，让学生抄作文、背作文、套作文的方式，而要去捕捉学生心灵的独特体验，要把作文课上到孩子的心里去。

【新课案之课例】

［缘由］

我夹着期中检测试卷走向教室，这次王晶的课外阅读部分做得不错，我得让他介绍介绍经验；李立明漏了好几题，要找他谈谈，大部分同学的卷面都不够清楚，一定要强调……我心里盘算着。“老师，等一会儿发考卷吗?”“老师，我考得怎么样?”看他们急不可耐的样子，我让组长把试卷先发下去。此时教室里已经变得热闹了，张欢从组长手上抢过卷子大声叫着什么，黄丽林看着考卷却低头不语，江明亮急匆匆拿着卷子向我“讨教”，孙涛气得将试卷揉成一团，还有手舞足蹈、拍胸顿足、欢呼雀跃、传来递去的……这不是一个很好的教育资源吗？何不把试卷讲评往后挪一挪，先上一次作文课呢?

［过程］

一、各抒己见立意。

虽然这时的学生面对的是同一张试卷，所处的是同一时间，所在的是同一教室，但我通过观察分析，认为可以从不同角度进行审视，确定不同的中心，从而写出有不同立意的各具个性的独特作文。我按如下步骤进行操作。

师：同学们，请安静！考得好坏没关系，关键看以后的努力。有人说："有一千个读者，就有一千个哈姆雷特。"同样我们班52个人就有52种不同的心境，你们此时心里一定很激动吧！把它说出来，是怎样就怎样说，真真实实地告诉我，让老师与大家同享欢乐、共担忧愁好吗？

生：老师，我真是太高兴了，我原来从没有过这么好的成绩。

生：我真是气呀，漏掉一题，太粗心了。

生：老师，我恨孙超，考试时，他用胳膊肘一个劲地碰我，要我让他抄，害得我错两题。

生：老师，我害怕，考得这么差，我妈妈会打我的。

生：我这次吸取上回经验，会做的先做，难的先放一边，做完会做的再做。

生：我觉得考试真没有意思，上次考好一点，一家人眉开眼笑，爸爸还带我到处玩，这次考不好，一家人都不会有好脸色……

师：同学们，真让我感动，没想到你们的内心这么丰富，我为你们取得的成绩而感到高兴，如果有困难我愿在课后与大家一起解决。

通过这样的谈心，学生们各抒己见，表达了自己的真情实感，为后面的习作立意打好了基础。

二、各取所需选材。

虽然此时学生所处情境相同，但感受不同，为了表达自己真实而又不同的感受，我引导他们从自己需要的角度选择与众不同的材料。

师：试卷发下后，我发现你们的内心真丰富呀！下面请按"高兴的"、"后悔的"、"委屈的"、"受启发的"、"提意见的"、"其他的"，分成五个组，每人根据自己的实际情况找准自己的组，每个组在教室里找个地方，推选一位组长，然后讨论：刚才你是如何表现的，为什么会这样。要尽量说详细些，也可以用表演的方式再现当时情景。讨论后每个组派代表来说。

（小组讨论）（略）

下面是部分小组发言情况：

高兴组：试卷还没有发到手时，我非常紧张，双手合并，嘴里不停地念叨："上帝保佑，上帝保佑。"组长把卷子放在桌子上，我急忙翻过来一看，太好了，96 分，我简直不敢相信自己的眼睛，又仔细地看了看，不错，我高兴得跳了起来，双手不停地拍着桌子，一个劲地欢呼。

意见组：当我正聚精会神地答题时，孙超用胳膊碰了我一下，开始我以为他不小心，没有想到，过了一会儿他悄悄地对我说："把卷子移过来点，让我看看默写的那题。"我压住卷子不同意，可他还一个劲地碰我，我想告诉老师，又怕影响大家，还怕他过后打我，我十分烦躁，一不留神，就把题目看错了，检查又来不及了。

师：同学们，你们把自己的亲身经历说出来了，有的还表演了当时的情景，真令我感动，谢谢大家！

这时，学生无拘无束，说出了真话实话心里话。有了说的基础，让学生写可以说水到渠成了。

三、各显神通表达。

虽然上述材料都是在同一情境下撷取的，但由于表达的目的不同、选取的内容有别、倾诉的对象各异，我没有让学生千篇一律都写记叙文，而让学生自由选择最合适的文体来表达。我是这样启发的。

师：同学们，我们学会写记叙文、书信、通知、表扬稿、建议书等，你想用什么文体把说过的内容写出来呀？你们自由选择，想怎样写就怎样写。

生：我想写一份建议书，建议孙超不要去打游戏机要好好学习。

生：我想给妈妈写封信，把我对考试的看法告诉她，省得她次次逼我考满分。

生：我就想写一篇记叙文，把我高兴的心情写出来。

生：我想写检讨书，把自己的错误告诉大家，也向王萍萍道歉。

师：真好，能承认错误，一定会改正错误的，努力吧，孙超，成功会属于你的。

生：我想把自己的经验告诉大家，不懂用什么文体好。

师：这是经验总结，你能写小论文了，真行啊！同学们，你们真了不起，懂得选择各自所需的文体，还等什么，自己拟个题目，赶快把它写下来吧。

学生们找到了适合自己的最佳表达方式，写起来就无拘无束，顺畅自如了。

［**成果**］

经过这样引导，学生写出了精彩纷呈的文章，现选取几个片段：

建　议　书

孙超：

你这次考试时，一个劲地用胳膊碰我，想让我给你抄，不仅自己考不好，还连累我也考不好，我向你提出如下建议：

1. 你不要再去打游戏机了，把时间多用一些到学习上。
2. 当天的作业当天完成，不要老拖欠。
3. 不要一下课就去追逐打闹，免得下节上起课来就无精打采。
4. 每次上完新课要及时复习，不懂的可以问别人。
5. 考试时自己独立思考，会做的先做。

给妈妈的一封信

妈妈，我敬爱的妈妈，我知道你是为我好，但每次考得好你就奖我，每次考得差一点你就打我，难道现在的考试分数就那么重要吗？你知道我为此承受了多大的痛苦吗？你别这样了，我会尽力的，让我开开心心地学习，开开心心地生活吧……

我真高兴

试卷还没有发到手时，我非常紧张，心里像揣了只兔子，咚、咚、咚跳个不停。拿到考卷时，我闭着眼不敢看分数，用手捏住写了分数的地方，然后轻轻地把手放开，睁开右眼一瞥，当我看到分数时，简直不敢相信自己的分数那么高，赶紧睁开另一只眼睛，果然不错，我高兴得叫了起来，双手把试卷举起，整个身子不由自主地扭起来……

【课例解读】

通过以上的成功实践，我对作文教学有了自己的独特理解。教师只有从捕捉学生独特的心灵体验入手，方能真正达成“我手写我心，我思故我在”的作文目标。

1. 挖掘感兴趣的资源，让孩子有话可写

学生作文仅靠教材中规定的每学期 8 篇是远远不够的，教师应该有课程意识，努力挖掘资源作为学生的作文教学的材料。这正如《语文课程标准》所说的“要有强烈的资源意识，去努力开发，积极利用”。这节课我带着教案，原本想进行试卷讲评，可我经过观察、分析，认为这是一次学生习作的好机会，稍纵即逝，不能轻易放过。我们要教的不是教案而是学生，我们为的不仅仅是完成一次教学任务，而是学生的发展。鸟儿要有广阔的天空才能展翅高飞，马儿要有辽阔的原野才能扬蹄驰骋，孩子们要有广阔的空间才能发展。挖掘资源让学生作文，拓宽渠道让学生发展，这是一次有益的尝试。当然要选择学生感兴趣的资源，这样才更容易调动学生的写作情感。

2. 激起情感的波浪，让孩子有话想写

叶圣陶先生说过：“心有所思，情有所感，而后有所撰作。”写作是为了自我表达和与人交流。如果学生没有“情动”，硬要他们挤出文字，作文就变成了痛苦的事情，即使写了些文字，也只不过是无病呻吟。要让学生表达出真情实感，一要素材能诱情，二要教师能激情。这次作文素材取自每个孩子亲身经历过的事，每个人都有切身的感受，只是感受各不相同而已，他们应该是有话可言，有情可表的。我在激发学生的情感方面也做了一些尝试：以情激情，教师始终以饱满的情绪、激励的语言、平等的对话，为学生创设一个民主、平等、和谐的学习氛围；以法激情，教师通过运用激励、小组讨论、表演等方法激起学生的情感，激起他们强烈的表达欲望。

3. 选择乐于接受的表达方式，让孩子有话能写

我们的小学语文教师总有这么一种看法，小学生的作文似乎只有写记叙文，只有写记叙文才能表达情感，只有记叙文才能体现写作水平。这种看法是片面而错误的。我们应该鼓励学生“自由表达和有创意地表达”，换个角度学生也能发展。这节课，我一改以前只让学生写记叙文的做法，让学生根据自己的需要选择不同的方法来表达，出现了精彩纷呈的习作，有记叙文，有书信，有建议书，有检讨书，有小论文……各展风采，尽情表达，尽量发展。

不确定性接踵而来

彭　峰

公开课以作文为内容，对于一个普通教师来讲，应该说是很少见的。我曾经承担过一节市级作文公开课，当时心理压力比较大。在教研部门领导的大力指导下，处于害怕失败状态中的我认真反思，同行们给我分析原因、寻找对策，为我的课贡献了许多智慧和辛劳。同时，我修改了教案，并在心中无数次地“预演”着、琢磨着、思

考着……就这样，讲课的日子到了，紧张而兴奋，许多的不确定性接踵而来，挑战迎面而至，我只有努力，努力，再努力……

【新课案之课例】

课堂描述：

真到了上课时，我倒没有了紧张的情绪，面对许多听课的老师，熟悉的陌生的我都朝他们微笑。或许，他们看着每张课桌都有两把稻草（教学实物），心里充满期待吧！在这种美好而刺激的期待中，我突然信心猛增……

不知道怎么回事，教室里的上课铃声没有响，但是时间到了，我却还在等待，我的同事看到我这等“悠闲”，着急地指了指手表，示意我该开始上课了。这时，我看了看手机，发现正好到了八点三十五分。“上课！”随着我的这一声令下，同学们迅速地站了起来。公开课就在如平常一样的师生问好声中开始了，心情虽然激动，但是却依旧照着预演了许多次的方案前进……

我说的第一句话是：“三八妇女节刚刚过去，那天我做了一件事，帮妈妈绕草结烧火，晚上静下心来，写了一首诗。哪位同学替我来读给大家听呢？”好几个同学举起了小手，我请了一位看上去很会读的女孩，小女孩果真读得好，“《感恩·打草结》：悄然来临妇女节，母亲苦累又忆起。灶边烧火绕草结，无限感恩留心中。”吐字清晰，语音优美。“同学们，你们在这首诗里体会到了什么呢？”“我体会到了母亲的劳累”，“我体会到了母亲很辛苦”。我就请这两位学生简单地谈了一下，发现学生的话匣子才刚刚打开。

“你们两位体会得很好，我相信每一位同学都能体会到我做了一件什么事情。是——？”

“绕草结！”异口同声。这，早在预料之中。

我边转身在黑板上用正楷写“绕草结”三个字，嘴里边说：“请跟我写写这件事情。”感觉我写了好一会儿，写完发现三个字中

“草”字的那一竖写得不行，都有些歪了，力道也不够。继续学习！

“想看看我那天是怎么绕的吗？”心想，待会儿我来变魔术！

“想，”在孩子们的一片呼声中，我开始变“魔术”了，眨眼的工夫，我已经绕好了一个草结，学生大呼——没来得及看。“但是你们确实看到了吧？”学生说“是呀”，“那，刚才的动作你一定也看到了吧？”“当然了”，学生满口确定。“好的，现在请你将这些排得错乱的词语排列正确。”（我出示一系列的动词：塞进、扭、旋转、拿、分、抓。）学生没想到我来这招，张口结舌，稍顿，直呼上当，纷纷要求再看一遍。我又一次绕了起来，但是这次我依旧很快，而且换了一种方法。学生都很机灵，没有被我故意设的障碍难倒，最终还是排正确了。“同学们，现在你的感受是——？”我挑战性地问。“好玩！”、“我也想试试。”看着他们迫不及待的样子，我真切地感受到学生的兴趣已经“呼之欲出”了！

我严肃地停顿一下：“同学们，既然你们非常想试试，不如我们来绕好吗？”下面早已应声四起。我赶紧说：“同学们，我们不光要绕，还要举行一次比赛，同意吗？（生呼同意）那么我们先来看看比赛规则吧，哪位同学来读给大家听？”学生黄谦读了起来：“比赛规则，分工：绕草结 2 人：迅速绕好一个草结；小记者 1 人：观看绕草结比赛；小评委 1 人：捧一个最好的草结到客人老师那里请他们评出全班第一。时间：2 分钟。”她的语感很好，帮助那些语感不佳的同学很好地明白了规则。经过上两次的经验，我料定这里的组织很重要，我不敢含糊，先分工，用的是“对应点”分工法，接着让同学们明确职责，并且抽查了几个小组的组员，发现他们对自己的任务都很明了。于是，“预备，开始！”我话音未落，同学们便开始动手的动手，动眼的动眼……都忙活起来了，教室里活动井然有序地开展着，热闹而不吵闹，兴奋而不过头，学生个个心无旁骛，活动热火朝天，成功失败尽收眼底，当然学生失败居多，但是这又有什么关系呢？两分钟很快过去，小评委们不好意思地将“草结”送到客人老师处参评，结果黄柯那组和另一组的草结被评为第一，他们高兴得很，那种表情让人陶醉。“为什么评这两个最好呢?”我一边问着，一边举起那两个草结，同学见到禁不住笑了起来。呵呵，能不笑吗？做得不太像呀。但是它们已经是所有草结中比较好的了。我总结道：“知道为什么评这两个为全班第一吗？我想其中是有很深刻的道理的。首先这两个草结很美观。其次，这两个草结又好烧……”学生和客人老师都在静静地听着……

接着我神秘地说：“听说三（1）班刚刚举行了绕草结的比赛，新昌小学电视台的一位记者也被吸引来了，马上就要来采访你们了，要请你们说一说刚刚比赛时的情形呢！为了在采访时表现精彩，请现在先准备准备吧！”学生们即刻投入到练习中去了。我也参与到小组中！

不一会儿，我说：“告诉你们一个秘密，我就是电视台的记者，大记者，哈哈，现在我来采访你们。”说这话时，就已经有学生吃惊了。老师们也感到一丝吃惊。

采访活动开始了。

采访了三位同学，我注意了礼貌交际，谈话紧扣主题，气氛十分融洽，我随机点评（下面我要请同学写下来，还有评讲，所以急匆匆地进入了下面的环节），请同学们写下来，我在一旁点拨、激励，学生都进入了角色。尤其是在学生写题目之时，进行指点，使得学生题目起得各有千秋，几乎个个不同。遇到好的句子、词语我都给予高分评价……

离下课只有五分钟了，我开始和学生一起评讲习作。葛明珠的习作非常优秀，我在实物投影仪上指出文章的优点，以及一些小小的缺憾；另一位同学的详略不当，将比赛规则介绍得过细是不行的，我指导他将之删去。

没等评完，铃声就响了起来。不过，我还是决定评讲完以后才结束今天这个“绕草结”！

【课例解读】

这节课从选材到设计，从设计到预演，经历多次试教，有着太多的体悟：

1. 关注乡村生活事件，以乡村生活作为发源地

乡村生活事件是指儿童在自己的乡村学习历史和乡村生活历史中发生过的大事。Kovalik · Olsen（1994 年）即主张“真实的生活”就是儿童最好的课程，新世纪的课程必须建立在“真实”的基础上，而非抽象的学科和教科书。那么真实的乡村生活也理应是最好的习作课程。乡村习作课程必须关注和构建儿童的生活事件体系，使其习作能够和实际生活相互融通。绕草结这一题材是自选的，之所以选取这个题材，一是因为这是乡村生活中的一件经常遇到的事情，很有乡土气息；二是因为绕草结这个事情适合三年级的片段训练的需求，适合素描作文的训练要求。

2. 关注学生活动体验，以情感因素作为推进剂

习作教学活动是在知识和情感两条主线相互作用下完成的，知识（作文技巧的教学）往往通过情感作用才能更好地被学生接受内化。第一次教学活动由于忽视了知识这条线，第二次又忽视了情感作用，结果两次都不成功，根源在于没有将知识和情感两者结合起来组织教学。正是因为明白了这一点，我在正式上公开课时，很注意情感激发，如开头我请学生念我写的《感恩 · 绕草结》，感悟其中的情；又如采访学生绕草结的感受，等等。在激发学生情感的基础上，学生的作文写得很起劲、有条理，为什么会这样？其实，情感性因素才是学生习作成功的推进剂。

3. 关注学生灵感闪现，以个性言语作为终极站

在巡回指导时刻，教师要特别关注学生在正确言语的基础之上的那些灵光一闪，我们要及时点拨，适时鼓励，激发个性化表达的激情，将学生个性言语作为习作教学的终极站。如，我在上课的时

候，有位学生写到："我们班开展的'绕草结'活动非常热闹，引来了一大批客人老师。"我看到这句话后，及时表扬她有一种追求个性化的言语的优点。

4. 关注学生活动形式，以小组合作作为好通道

"合作"是极其重要的学习方式，我发现将合作做好，需要做到分工明确、责任明确。我在平时组织学生"绕草结"时，发现学生合作得不好，于是我在学生比赛之前，认真合理地组织：分工在课前分好，根据学生的气质、性格、爱好、特长等来分小组。通过指导分工、明确任务后，教师和学生一起活动，共同感受，活动开展得有条不紊，取得了预期的效果。看来，合作学习形式只要用得合理，一定会对学生习作很有帮助。

"童化"教学的实践与追求

吴　勇

在当前的作文教学中，特别是新课程背景下的小学作文教学中，"成人化"的写作愈来愈成为教学的瓶颈。随着大众传媒的多样化、生活理念的多元化，儿童也过早"告别"了应当属于自己的童年时光，紧追着成人的步伐——儿歌的成人化、消费的成人化、装束的成人化、阅读的成人化、交往的成人化、语言思维的成人化，童年生态遭遇到了严重的戕害。

用儿童的精神阐释作文教学，用儿童的文化观照作文教学，用儿童的生态构建作文教学，这就是"童化作文"的存在价值，这就是"童化作文"的理想追求。

"童化作文"关键字眼是"化"字，它体现了"童化作文"最基本、最核心的教学策略——化作文于儿童的生活，化作文于儿童

的天性，化作文于儿童的文化，化作文于儿童的创造。

【新课案之课例】

“阅读是儿童的一种生活。”小学“童化作文”正是顺延这一思路继续前行的。既然文学阅读对儿童的成长具有重要的意义，既然培养儿童对文学阅读的兴趣是语文教师的重要工作，那么将习作有机地融入孩子的文学阅读中，以读促写，以写引读，不仅能对孩子的阅读过程进行有效的引领，还能加深孩子对作品内涵的领悟，此时的习作也就成为联结孩子心灵与作品灵魂的桥梁，这是对传统的以文本为中心的“读写结合”教学规律的再发展。

案例：《让我们一起做个好孩子》

上学期，我们五（8）班同学一起阅读了黄蓓佳阿姨的《我要做个好孩子》这本书。在阅读中，我们认识了可爱的金铃，并和她一起走进她的班级、她的家庭，走近了她的同学、她的老师、她的爸爸妈妈。在阅读中，我们和她一起欢乐，一起伤心，一起愤怒，一起经历着成长的烦恼，一起努力地去做一个好孩子……

- 主题一：喜欢金铃的若干理由

我喜欢金铃，因为她遇到事冷静，不冲动，而是静静地思考。

我喜欢金铃，因为她大方、淳朴，不骄傲，不自大。

我喜欢金铃，因为我和她是同病相怜——胖。

我喜欢金铃，因为她有正义感，爱护弱小，见义勇为。

我喜欢金铃，因为她诚实守信，说到的就一定会尽自己的能力去做。

我喜欢金铃，因为她爱惜每一条生命，就连老鼠，也不想让它死。

——朱梦臻

- 主题二：五（8）班的“精灵”VS 金铃

我的书包和金铃一样乱，简直就是个“垃圾袋”。一次，老师叫画出课文中的生词，我打开文具盒一看，尺见不着了，于是，我就在书包里找，可是找了半天，都没找到，最后，只得向同桌借。上综合实践课时，打开书一看，天啦！五六把尺子都躲在这里“开会”呢！

金铃她十分粗心，我也不例外。我也经常把“既”写成“即”，把“在”写成“再”，“看”和“着”总是忘记写最后一横……考试时，经常因为这些可恨的错别字而丢掉“优”，每当老师讲到某个容易错的生字时，总是提醒我特别注意，可是不知怎的，越是老师提醒，我越是把它写错，唉，我真是和金铃“同病相连”啊！

金铃很重感情，教她英语的王老师，在美国留学的丈夫给她办了陪读签证，辞职去了美国了。王老师走后，金铃十分想念她，经常梦见她。教我们数学的徐老师，刚刚开学才一个月，喉咙就生了病，她请假回家了。我们都非常想念她，有时候我在梦里都看到她的身影呢！

——唐泱泱

● 主题三：邢老师，你喜欢吗？

说实话，我也有点儿喜欢邢老师，但更多的是不喜欢。

我有些不喜欢邢老师。因为她很“坏”。邢老师成天板着一副脸孔，对学生也冷冰冰的，说好听点儿叫“冰美人儿”，难听点儿叫“凶巴巴的老太婆”。有一回，金铃好心好意想送邢老师一个小石雕像，谁知那邢老师“狗咬吕洞宾，不识好人心”，一瓢冷水就直接泼进金铃的心里。可不是吗！谁喜欢一个板着脸孔的人天天和自己相处呢？邢老师是个非常有主见的老师，她根本不把同学们的一些意见放在眼里。我觉得一个好老师要以我们学生为中心，能够从我们的利益、快乐出发。不要脑子里都只顾着自己的主意，而忘了我们的快乐与悲哀。

——高松

我喜欢邢老师，因为邢老师特别机灵。在“小人得志和君子报仇”当中，邢老师看见金铃写日记写到倪志伟偷拿了两张画片而没付钱之后，心中有一计很绝的妙招，她利用公安局的名义威逼倪志伟说出真相，这一招果然有用，把倪志伟吓个屁滚尿流，并且还使“案情”有了很大进展呢！我就喜欢机灵的老师。如果有同学欺负别人，而老师又视而不见的话，那班里早就乱套了。我喜欢邢老师，还因为她笑起来很可爱。在《关于老师》最后，金铃见到了邢老师笑的样子，她笑时眼睛眯成一条缝，露出两颗小虎牙，像个小姑娘似的，当然，邢老师不是经常笑，要是能经常看到她笑，那该多好啊！我就喜欢可爱的老师。你想想看，如果一个老师天天板着脸，一副冷冰冰的样子，那多不好，哪怕只是偶尔笑一下也好呀！

——成彦辉

站在儿童视角审视当前的小学作文教学，就会发现我们的教学远远地偏离了儿童的文化，脱离了儿童的生态，越走越窄，几乎走进为文而文的偏僻胡同。主要体现在以下几个层面。

现象一：强调习作“共性”，丢弃儿童“个性”

我们总以为儿童不会写作文，才让我们去“教”作文。对于作文教学，每个语文教师似乎都有自己的套路，如何引导孩子审题，如何指导孩子选材，如何带领孩子去批改，这一套似乎大家都耳熟能详。每次作文指导课，教师总是将孩子当作“作文零起点”，不厌其烦地运行着这套固定的程式，甚至细化到如何写开头，怎样写结尾。教师该教的都教了，剩下的就是学生写了，大伙儿一拥而上，一样的开头，一样的过程（如果写的是同一活动），一样的结尾。教师恰恰忽视了自己面对的是不一样的学生——不一样的心情、不一样感受、不一样的言语特征。

现象二：注重习作“任务”，忽视儿童“故事”

在现行各种版本的小语教材中，每个单元都设置了作文教学篇目，这成了每位语文教师每学期的作文教学任务。把这些篇目一一落实，似乎一学期的作文训练已经到位。这样的理解无可厚非，因为教材的编排具有一定的系统性、科学性，对推动孩子作文水平的提高有积极的作用。但是仅仅靠这些“计划粮”，是无法构建生动活泼的童性作文的。一方面，孩子的生活丰富多彩，每天都有精彩的故事发生，“故事”主人公就是他们自己，亲眼所看，亲耳所闻，写作文就是写他们自己；另一方面，文本作文的内容因为讲究“面”上的适合度，与“点”上的孩子的生活并不是合拍的，这就需要教师进行有效的融合，使其贴近孩子当下的生活。而这些常常被忽视，在教师眼中，作文是任务，必须不折不扣地完成；在学生眼中，作文是负担，享受不到写作所带来的愉悦。

现象三：追求本体“真实”，淡化儿童“有为”

老一辈语文教育家早就说过：作文要写出诚实的、自己的话，作文要求以诚立人。在《语文课程标准》中也强调小学生作文要有“真情实感”，写真人、叙实事、抒真情似乎已经成为当前小学作文教学的重要价值取向。“要作文，先做人”，这一点至关重要，但是单突出一个“真”字，对于作文教学的本体而言，只是体现了内在“体”的特征，它还存在一个相互依存的外在功能——“用”（即让孩子写作到底为了什么？）在我们的作文教学中，作文“用”的功能被弱化了，在孩子眼中没有“为”——为什么写作文？作文对于自己的生活有什么作用？这些从来都不去考虑的。这就是李海林先生在一次语文教学研讨会上所说的“虚假写作”。因此他大声呼吁：中小学写作教学应当提倡“真实写作”——有真实的写作任务，有真实的写作对象，有真实的写作环境，有真实的成果。这里的“真实”就是指作文教学对于生活的“实用”功能。

现象四：推崇成人“语式”，轻视儿童“话语”

对孩子的一些“优秀”习作，我们有些教师经常喜欢这样评价：“语句老到，思想深刻。”对于习作中一些所谓的“精彩”语句，经常用上这样的边批大加赞赏：“写得真美呀，我好像在读一首散文诗！”乍一看，我们不禁为教者激励性的评价叫好！但细细一琢磨，问题来了，我们在用什么标准来衡量孩子的习作？“老到”、“深刻”、“散文诗”似乎都是成人视野下的观照，这样的作文评价似乎在进行着另类的“成人制造”！其实“成人化”的指导痕迹在习作中不只这些，还表现在许多方面。在一些名师编写的小学生作文指导丛书中，竟然传授一些开头、结尾的方法，什么“开门见山”法、什么“未见其人，先闻其声”法、什么“环境描写”法、什么“前后照应”法……他们以为，只要“方法在手，作文从此不用愁”，殊不知正是这些成人化的方法指导，抹杀了孩子天生的“缪斯语言”，让我们看到一张张戴着成人面罩拿腔拿调的脸！

【课例解读】

苏霍姆林斯基说：“童年是人生中最重要的时期，它不是为未来生活作准备的，而是真正的，光彩夺目的一段独特的、不可再现的生活。今天的孩子将来会成为怎么样的人，这里起决定作用的是他童年怎样度过，童年时期由谁携手带路，周围世界的哪些东西进入了他的头脑和心灵。”意味深长地道出了学校、教师对一个人童年的责任，那就是——珍视、守护、维持！作为看守儿童精神世界的语文教学，特别是作文教学，更应当将“儿童”放在核心的地位：让每一个孩子说童真的话、写童趣的事、抒童性的情应当成为作文课的主要使命，应该成为语文教师的神圣职责。

“童化作文”的本质是为了儿童——它始终站在儿童立场上，化儿童的需要为作文的需要；“童化作文”的资源是儿童——儿童的阅读、儿童的视点、儿童的体验、儿童的想象、儿童的时尚等，这些都可以化为习作的不竭源泉。在实践层面，“童化作文”坚持这样的教学主张：

1. 不在于“传授”，而在于“经历”

哲学大师卡缪说：“请不要走在我的前面，因为我不喜欢去跟随；请不要走在我的后面，因为我不爱充领导；我只期望请你与我同行。”这句话恰当地表述“童化作文”教学中教师和儿童的关系：教师在写作过程中，不是在一味地教给孩子什么，要孩子达到什么，而是和孩子一起去“做”什么。孩子需要什么，教师就在习作课上引入什么；孩子喜欢什么，教师就带领孩子去亲历什么；孩子心中蓄积了什么，教师就激发孩子去表达什么。习作的过程，就是师生共同参与、共同经历、共同享受的过程。

2. 不在于“析出”，而在于“融解”

在传统的作文教学中，或者当下的不少作文课堂上，教者总是处心积虑地将习作教学从儿童的生活状态中“透析”出来，让习作成为明确的目标和具体的任务呈现在孩子的面前。如果作为纯粹的知识教学，这也许是必由之路，可是作为具有创造性的写作活动，却需要一个“物我交融”的心理状态和体验过程。儿童的习作就需要儿童的方式，需要营造一个“无为”的情境来遮掩“有为”的习作动机。

3. 不在于“写作”，而在于“交往”

儿童对“作文”理解更多的是一项具体的任务，如“不偏题，写具体，达到400字左右，语句通顺”等。为了完成任务，他们千方百计地去靠近题目，于是出现了套话；绞尽脑汁地编造事件，于是出现了假话；竭尽全力地引用“神圣”、“崇高”的字眼，于是出现了空话。“任务式”的习作让每个孩子搜肠刮肚、提心吊胆。“童化作文”则更多地凸现作文的本真——交际，它总是将习作的过程放置在一个互动交往的平台上，或写解说，或推荐，或辩论，或发布，将“自闭“的写作引向快乐的分享，让孩子心中的“音符”串成美妙的“乐章”；将“独白”的写作引向自主的“对话”，将一个个孤独的心灵融汇到色彩斑斓的童心的世界中。

4. 不在于“预设”，而在于“生成”

传统的作文教学都是以“预设”的状态出现在一个固定的时间

——每周的作文课，固定的地点——教室。写什么——教师对教材进行精心的演绎，怎么写——例文、下水文对习作目标进行具体的诠释。“童化作文”更注重瞬间的“生成”，它即时地把握儿童的兴趣点和兴奋点，充分调动儿童的多种感官，让他们去体验，去实践，去想象，不受时间和空间的影响。

“童化作文”将习作“消融”在孩子的文学阅读中，一方面可以拉近读本与孩子心灵的距离，让阅读深入人心。通过一系列阅读主题的牵引，使孩子有了发现，在作品中找到自己的影子；使孩子有了批判，在心中构筑起童年的理想；使孩子有了内化，将作品中的美好积淀在精神深处。另一方面可以拉近习作与孩子的情感的距离，让孩子的文字表达自然贴切。

遵循生态规律　构建生态课堂

钱爱萍

教育生态学从生态学的角度研究课堂教学，剖析教育的生态结构与生态功能，以生态学对研究对象的层次分析，揭示出教育生态的基本规律。

【新课案之课例】

限制因子定律

教育生态学认为：生物在一定环境中生存，需要得到多种生态因素，当某种生态因素缺乏，或在低于临界线、超过最大忍受度的情况下，就会起限制因子的作用，影响生物的生存和发展。这就是限制因子定律。限制因子定律对课堂教学的启示是：教师做麦田的守望者。

请看语文特级教师宋运来的漫画作文教学片段。

师：漫画上的一个符号一处景都在表达着一个词语，一个句子，一段话或一个故事。

师：前面的好理解，后面的怎么说呢？（老师画上一只小鸟，说话练习之后又画了另一只小鸟）能看懂吗？看到了什么？

生：一只小鸟在流泪。

生：一只小鸟在流血。

师：如果是流泪，为什么？

生：也许父母遭到不幸。

生：也许朋友不跟它玩了。

生：可能被猎人打伤了。

生：可能撞到树上，撞了一个大包。

师：喔，（再画山坡、树桩）现在知道小鸟为什么哭了吧！想想两只小鸟在交流什么？

生：它们在说我们的家怎么忽然没有了呢？

生：它们会说人类把我们的家给毁了，人类真可恶！

师：它们怎么知道是人类干的？谁会告诉它们？

生：树桩会告诉它们，这树桩很平整，肯定是人用锯子锯的。

生：树桩旁很多木屑也会告诉它们，如果是风吹的或是其他野兽弄得不可能是这样的。

生：月亮。月亮会说，可怜的小鸟啊，是人类为了自己的利益，毁了你的家。

师：地上会有哪些事物告诉小鸟？

生：小花会告诉小鸟。

生：小草也会告诉小鸟，人类来过了，不仅锯掉了树木，还把我踩得好疼。

师：这叫小鸟在哭诉。

当学生猜小鸟流泪的多种原因时，老师没有任何暗示，一声“喔”任由学生去想象，然后再画山坡、树桩，学生想象过后注意力一下子被吸引，忽然明白小鸟为什么哭了。这种情景和美国作家塞林格想象的这样一个场景惊人地相似：“不管怎样，我老是在想象，有一群小孩子在一大块麦田里做游戏。几千几万个小孩子，附近没有一个人——没有一个大人，我是说——除了我。我呢，就站在悬崖边。我的职务就是在那儿守望，要是有哪个小孩往悬崖边奔来，我就把他捉住。我整天就干这样的事。我只想当个麦田的守望者。”一声“喔”，教师成了麦田的守望者，再画山坡、树桩，就如“哪个小孩往悬崖边奔来，我就把他捉住”。这时的“捉”才是恰当的“教”。

耐度定律

1911年谢尔福德（Shelford）提出耐度定律（the Law of Tolerance），他认为：生物的承受力和耐度是很明显的，达不到或者超过“度”，就会产生不利或相反的影响。耐度定律对课堂教学的启示是：教师由引导者变为导引者。

导引者和引导者，两个概念，不同之处在于“导在先”能更充分地把课堂还给学生，使教学返璞归真，使学生的承受力和耐度到达最适宜的状态。“导引者”，导师也，尽力创设“和易以思”的学习生态场。导引者，贵在导也，学生能做的，教师坚决不做；学生不能做的，恰当“导”，还让学生做。所谓“有所为有所不为”，逐步趋向“无为而治”。

一位老师教学作文《水》，学生先经历整整一天缺水的体验活动，课上的体会交流真实自然，教师还通过削一层薄薄的苹果皮来隐喻人类有限的可用之水，通过计算1所学校内所有个水龙头1天、

1月、1年不断浪费一滴水的总量来感悟珍惜水资源的必要。学生参与活动的兴趣高昂，口头表达积极主动。最后老师出示两项写作要求：①写一篇记叙文，写出体验之前、体验之时、体验之后看到的、听到的和自己的感受、想法，字数不少于500字。②写一份节约用水的倡议书。学生流露出强烈的畏难情绪，兴致一落千丈。在另一个班级上课的时候教师改变了角色，由给写作要求变成学生自选写题。在师生互动时，教者随机写出关键词句：给我一口水吧、一层薄薄的苹果皮、哭泣的水龙头等，让学生主动从中自选一个作为题目，当堂完成片段，学生欣然动笔。

花盆效应

花盆是个半人工半自然的小生境。正因为如此，在一段时期内，作物和花卉可以长得很好。但是它们对生态因子的适应阈值在下降，生态幅变窄，经不起风吹雨打。

我们的课堂教学，也如预设了花盆环境，形成封闭或半封闭的教学系统，学生几乎整天被关在教室里，与沸腾的现实生活和社会实际脱节，知识目标至高无上，科学主义唯我独尊，学生的精神世界和生活世界成了被课堂教学遗忘的角落，难以体现课堂教学全部的生活意义和生命价值。花盆效应对实际教学的启示是：课堂是开放的体验场。

例如：三年级有一篇习作要求是描写吃水果的情景，尽管学生再熟悉不过，但由于平时只顾吃，没有谁真正观察过别人怎么吃，因此老师虽花了不少精力讲解、引导，但学生的作文还是简短空洞，干巴巴的。我们根据教学目的设计亲验活动“吃西瓜比赛”，把学生分成两组，一组参赛，一组观察，然后交换体验，学生参赛的兴致极高，哨音还没响，有的迫不及待，嘴巴就开始亲吻西瓜了。活动场景使三重生态得到融通，情感体验真切而又强烈，习作内容鲜活无比。

一位学生这样写自己：

我双手举着西瓜，嘴巴贴在瓜瓤上，就等比赛开始。“嘟——”哨音一响，我就开始啃起来。我一定要注意吃法，争取拿冠军。我先从左往右咬，一阵狼吞虎咽，又从右往左咬，不一会儿，嘴巴就鼓得像个要炸开的气球。我顾不上这些，继续把西瓜往嘴里塞，可是，汁水却不合作，像小溪一样往外流。我想：反正汁水也不会误我的事，别管它了。没想到，汁水流得更凶了，低头一看，桌子上已经成了一片红色的海洋。终于，凭借着我的拼劲，红色瓜瓤全被我吞下了肚。“哈哈！我胜利了！”我高高地举着西瓜皮，向讲台冲去，就像奥运冠军高高举着奖杯一样，兴奋极了。

学生经历体验，三重生态得到融通，知识和经验得到累积，道德、情感得到滋养，实践精神和探索能力得到提升，价值观自然生成，从根本上实现了教育对人的生命存在及其发展的整体关怀。

【课例解读】

受传统思想的影响，教师在课堂教学中扮演着举足轻重的角色，人们普遍认为“教”是教师的天职。教师凭借拥有的教学话语权和控制权，教得太多，讲得太多，代替学生学习和思考，把课堂变成知识的灌输场、技能的训练场。长此以往，学生习惯了服从教师、听从书本，懒得动手动脑、实践思考。教师“教”得过度，就变成了限制因子。教师要注意把握教的时机、教的目的、教的方法，使“教”成为有益的教学生态因子。

教育生态学讲：“教育生态个体、群体和生态系统在自身发展的一定阶段上，对周围的生态环境和各种生态因子，都有自己适应范围的上限和下限。在上、下限幅度范围之内，教育生态的主体能够很好地发展。引导者，给写作限定要求，学生不适应；导引者，写什么让学生自选，符合他们的承受力，教学效果好而且教育无痕。

中央教科所刘惊铎教授认为：每一个生命个体都处于自然生态、类生态和内生态三重生态关系之中，“课堂”也是三重生态关系圆融互摄的生态场，自然生态和类生态始终对内生态产生直接或间接的影响和感染，最后通过内生态的体验使三重生态得以融通。体验是三重生态融通的纽带，学习者就是在“亲验”中理解、体悟、践履、修行，进而引发“想验”的持续和深化，使课堂走向开放，从而使生态课堂达成学习育人的目的的。

师生各自正处于一定的生态位，都与同行或同学存在竞争。这种竞争，如果处理得好，方法得当，就可形成相互激励、你追我赶、友谊竞赛的局面，真正体现生态因子的协变性特点。处理不当，则可能相互排斥、相互保密，阻碍合理的交流，极易形成学生合作意识欠缺、利己主义行为严重，同学之间关系紧张、社交技能缺乏，课堂的整体效益变差等不良后果。

教育进程同样有其内在的节律，认识和遵循其内在的节律，是教育成功的要求。例如：据生理学家揭示，人的大脑在一天中有四个记忆高潮，如果使用得当，可获得学习和工作的最佳效益。第一个记忆高潮是清晨起床后，第二个记忆高潮是上午 8：00～10：00 时，第三个记忆高潮是下午 6：00～8：00 时，第四个记忆高潮是入睡前半个小时。“一日之计在于晨”，遵循的就是人的生理节律。

生态课堂的构建遵循教育生态的原理和规律，依据的正是新课程倡导的“以人为本”的理念。生态课堂，把学生当作生命个体，是“让人成为人”的课堂。生态课堂为学生的生命成长奠基，为学生的终身发展奠基。

第三辑　让个性化解读助推文本细读

个性解读应是在全面阅读文本的基础之上产生的立体化解读，需要教师客观地评价，正确地引导。

——梁　好

教学过程中只有让学生亲历各种实践活动，才能不断满足学生现有发展水平和自身期望发展水平之间的矛盾需求，不断地生成和谐的氛围、真诚的对话、朴素的情怀。

——黄小林

个性化的阅读，是学生个性的阅读，也离不开教师人文的阅读指导，即学生个性化的阅读行为应受到正确的价值指向的制约。

——傅建林

细读要通过对语言的理解走进作品的艺术世界，与作品对话，与作者对话，用自己的心灵去感受。

——窦桂梅

课改，需要正视学生的个性化解读

梁 好

《语文课程标准》中指出："阅读是学生个性化的行为，阅读教学要珍视学生的独特感受、体验和理解。"随着新课堂的深入实施，课标中关于阅读教学的这番新理念，已经在每位教师的心中生根、发芽、开花、结果。我们可喜地看到课堂上教师意识的解放，学生思维的活跃、课堂气氛的精彩纷呈。教师们用实际行动解读着"一千个读者就有一千个哈姆雷特"这句话所蕴含的全新的阅读教学理念。但是我们在欣喜之余，也应该看到一部分教师对课标的认识肤浅，对"个性化解读"本意的误解。有些教师对于学生在课堂上生成的个性化体验，不论正确与否，总是一概肯定，缺少应有的辨析能力。对此，我们教师应当明确错误解读不等于个性解读，对学生的错误解读应当予以正确引导。

【新课案之课例】

《草船借箭》教学片段

师：同学们，对于文中的几个人物，你喜欢哪一个，发表一下看法，请各抒己见，大胆地说出了自己的想法。

生：我喜欢诸葛亮，因为他神机妙算。

生：我喜欢鲁肃，因为他忠厚诚信。

生：我喜欢周瑜。

师：喜欢周瑜，你一定有自己的想法，说说你的想法吧！

生：周瑜想尽办法陷害诸葛亮，是顾全大局，以集团利益为重，因为诸葛亮毕竟不是东吴的人，他效力于刘备，终究是东吴的敌人，周瑜设计除掉诸葛亮，是长远打算，是他谋略高人一筹的表现，我们不能将其视为小肚鸡肠，不能视其为心术不正，也不能视其为阴险狡猾，因而我喜欢周瑜。

师：言之有理，这样说来周瑜倒也有几分可爱。

设阴谋陷害诸葛亮这里被解读成顾全大局、以集团利益为重的义举。这是很危险的看法。而更危险的是教师在上课过程中对此非但没有充分认识，而且将其视为课堂上的灵光一现，学生智慧的突显，是创造性思维的结果。当然学生的想法很有自己的个性，这样的解读也是学生独有的创造性解读，其创造性精神与意识是值得肯定的。但是我们也应当看到，学生的这种个性文本解读同时也是错误的，是经不起推敲的，也是与主流价值观不相符的。如若对其大加肯定与赞赏，必然让学生在误读的路上越走越远，不但不能让这位学生深刻理解文本主旨，而且还会对全班学生产生一种解读的误导。语文是工具性与人文性相统一的学科，语文课程不仅承担着传授祖国语言文字的责任，而且也被赋予对学生进行思想道德教育的使命，肯定周瑜，肯定陷害他人的行为，无论如何也是讲不通的，对学生思想道德认识将产生不良的影响，这一点教师一定要牢牢把握。当学生提出“周瑜设计陷害诸葛亮是为了顾全大局”这一观点时，教师可以引导学生就当时的军队形势展开讨论，让学生了解诸葛亮是去帮助周瑜抗击曹操的，刘备集团与孙权集团当时已经形成攻守联盟。在这种形势下，周瑜对诸葛亮的算计正是他不顾全大局的生动体现。接着教师可以充分利用这一有利时机，让学生重读文本内容，体悟周瑜算计诸葛亮是争强斗气、心胸狭窄所致，让学生理解周瑜是应该被大力批判的，喜欢他是没有道理的。

《放弃射门》教学片段

师：福勒放弃射门，你认为他这样做对吗？

生：对，因为他的放弃赢得了全场观众的掌声以及足联主席的赞赏。

生：我不这样认为，我觉得福勒不应该放弃射门。比赛就有胜负，福勒代表的是一个团队，他的放弃就意味着十几人以及支持他的千百万个球迷的失败，他这样轻易放弃射门是不负责任的。

生：但如果福勒没有放弃射门，就会踢伤对手，在胜负与关爱面前，福勒选择了关爱，选择了放弃射门、放弃荣誉，这种精神是值得肯定与学习的。

生：是比赛就有危险，像拳击比赛，如若一味地保护对手，索性不比算了，福勒射门即使踢伤对手，责任也不在己，因为是对手西曼不遵守比赛规则，太看重胜负，西曼应该为他的选择承担后果。

生：体育是一种力与美的结合，福勒带球突破，行云流水般地出击，正是他高超球技以及力量之美的表现，而放弃射门则体现了福勒关爱他人的心灵之美，福勒的突击与放弃射门完美体现了体育的精神。

师：同学们说得都很精彩，各有各的道理。如果你是赛场上的福勒，你会放弃射门吗？比如说学校进行一场足球联谊赛，你就是带球突破的福勒，在同样的状况下，你会怎样做呢？

生：（思索片刻，齐答）放弃射门。

师：（点名指刚才坚持射门几位同学回答）你们说一说现在为什么选择放弃射门了呢？

生：我们是学生，比赛是闹着玩的。

生：我们还小，小孩子骨头嫩，不禁踢。（生笑）

生：我们可是同学呀！同学之间要团结友爱呀！

师：哈，是比赛就不论大小，性质可是一样的呀！老师知道你们在胜负与关爱面前，看重的是关爱，像福勒一样，对吗？现在你们能理解福勒当时选择放弃射门的心理吗？

生：对，理解！

此案例同样出现了学生的错误解读，但可贵的是教师对此并没有简单地肯定表扬，而是让全班学生参与讨论，并联系自身生活实际亲身体验，最后得出正确的解读内容。语文教学要尊重学生的独特感受和理解，鼓励学生对教材进行自我解读，使学生的学习过程成为一个人性化的过程。《放弃射门》的教学重点是让学生从福勒高尚的体育风范中受到美好美德情操的教育和熏陶。但对于福勒放弃射门的这种做法，一些学生并不一定认同，即使表面认同也是一种浅层次的附和与跟随。因此课堂上有必要将“福勒该不该放弃射门”这一问题展开讨论。并通过针锋相对的辩论让学生全方位、深刻地理解福勒这种放弃射门的做法。案例中教师巧妙地利用学生对于文本的错误解读，深化了学生的学习过程，实现了完整解读文本的过程。

【课例解读】

周瑜谋害诸葛亮是雄才大略、顾全大局的重要体现，他是一个智慧之人；福勒放弃射门是错误的。对此，我们不能仅仅视其为学生对于文本的个性化解读，还应当意识到这样的解读是错误的。对于学生的错误解读，教师应客观地分析、清醒地对待、正确地引导。

首先，教师要尊重学生，但也应适度，不能丧失教学的基本原则。尊重学生——尊重学生的观点、尊重学生的学习方式，这是新课程重要的突破，但是这种尊重却不是无原则性的，我们不能够仅仅因为尊重而对于学生的做法、行为、观点全盘肯定，一味叫好。尊重学生要把握好度，这个度是建立在尊重文本的基础之上的。如果学生在阅读过程中偏离了文本的思想主题，歪曲了作者的写作意图，就需要教师提醒与纠正。教师不能因过度地尊重学生而抛弃了文本，抛弃了基本的教学原则。

其次，个性化解读应是在全面阅读文本的基础之上产生的立体化解读 。这种解读应是深入地解读而不是肤浅的解读，应是全面的解读而不是片面的解读，不能为了标新立异、哗众取宠而断章取义进行错误解读。小学生还不完全具备自主阅读的能力，需要教师加以指导，教师应告诉学生阅读的过程是读者与作者对话的过程，高效深入的阅读应该是读者走入作者的心灵空间，喜作者之乐、愁作者之苦、痛作者之恨的过程，阅读应该尊重作者的写作意图，尊重文本的写作主旨。教师还应该让学生明白，独特体验、个性化解读绝不是片面解读，尊重文本与张扬个性同样重要。对于学生对文本的曲解，教师应引导学生通过整体把握课文，与文本对话，将文本的解读推向更深层次，在阅读中辨析真伪。

再次，个性化解读需要教师客观地评价、正确地引导。学生是阅读的主体，是作品的创造者——阅读即创造。每个学生都是内心丰富的精神个体，他们对于自然的认识、生活的阅历与体验、阅读的思维与特点都有所不同，因此他们对于文本的解读也必然是五颜六色的。教师应尊重学生课堂上的不同表现，对学生多元化文本解读应当予以肯定，对于学生大胆说出自己真实想法的行为也是应当予以鼓励的。但是对于学生的答案，则应当明确地辨析、准确地甄别，如若答案是背离文本主旨的，是偏离文本价值取向的，是对文本的误读曲解，教师则应该做个牵引者，让步入阅读歧路的学生尽早回头，而不应听之任之、推波助澜。课堂上教师的评价直接关系到学生的阅读兴趣，也直接影响到学生对于文本阅读的深度与效度。教师在保护学生阅读的积极性，呵护学生创造的闪光点的同时，还应当给予学生正确的评价，让学生明辨是非，树立正确的价值观。

总之，学生是阅读的主体，教师应当还学生以真正的“读者”地位，这一点是不容否定的。但是教师与学生之间也是一种平等的对话关系，教师应当成为学生阅读的导师，在学生阅读、理解、领会、品味、感悟文本时，教师应当予以点拨、启发、引导、激励，对于课堂上学生出现的对于文本的错误解读，教师不能简单地视之为个性化解读，而应客观分析、正确引导。

构建“精神需要”和“言语满足”平衡相融的新课堂

黄小林

在全面实施“新课标”和实践“新课程”的背景下，针对如何构建一种“新语文课堂”，能否采取一种“新学习方式”，以回应、彰显“新课标”的理念这一问题，我们探索出了一个基本的命题——“新语文，应为分享学生‘精神需要’和‘言语满足’平衡相融而教”。

何为“精神需要”？主要是指人在特定时空和情境中情意和认知方面的综合性需要，包括感觉和知觉、思维和想象、需要和动机、情绪和兴趣、创造意识等相融相生的多元因素。

何为“言语满足”？首先要了解语言是由词汇按一定的语法规则构成的符号系统，它是社会约定俗成的，具有工具性、全员性和相对稳定性。而“言语满足”的过程就是运用语言的过程，它是个体借助语言，用“言语作品”“满足精神”的一种语文实践活动，具有个体性、情境性、多变性和动态平衡性。

何为“平衡相融”？它是“精神”和“言语”在不断流动、交融和创生中求平衡，且生生不息地相生相融，构成学生语文素养的发展和连续的过程。那么，平衡相融成什么呢？“言语作品”和“语感品性”。

实践证明，我们可以在游历中构建“精神需要”和“言语满足”平衡相融的新语文课堂。

【新课案之课例】

对于义务教育课程标准实验教科书（人教版）一年级上册第43页的“我会读”——系统复习声母、韵母和整体认读音节这一教学内容，我设计主题教学如下：

《游历拼音王国》教学过程

师：小朋友们，到今天为止我们已经学完了所有的拼音，拼音王国的国王知道了这个消息，邀请我们去拼音王国里做客，看看谁已经和拼音王国的居民们交上好朋友了，小朋友，你们高兴吗？好，下面，我们就到拼音王国去做客啦！（出示拼音王国活动挂图，放出轻快的音乐，学生随音乐律动，作走步状。）

（一）猜谜开门

师：我们已经来到拼音王国啦。呀，拼音王国里住着这么多人！有单韵母大姐姐，有声母大哥哥，还有复韵母两姐妹……，小朋友，你认识他们吗？谁会叫他们各自的名字？（学生齐读写着的拼音字母）他们的房子都是由四条线隔成的，我们叫它什么？（四线格）咦，怎么有些房子的门没打开呀？哦，这些拼音大哥哥大姐姐想考考你们，他们要一人出一条谜语，让你们根据谜语猜出他们是谁，再让你们进去做客，瞧，他们来了！（九位学生手持卡片于身后，依次上。）

1. 我的样子像圆圈，你们仔细猜猜看！

（众学生：你是o，o、o、o）［1号学生亮出身后卡片，说：“对对对，请进来。”师帮其将小卡片插到活动挂图上去。］

2. 我是圆脸小姑娘，一根小辫右边扎。(ɑ)

（猜的过程同上，下同）

3. 我的样子像茶杯，你们猜猜我是谁？（u）

4. 一条小鱼吹泡泡，撅起小嘴就知道。（ü）

5. 两扇小门关起来，猜不出来门不开。（m）

6. 我的样子像蜡烛，看谁记得最清楚。（i）

7. 我的雨伞柄朝上，请你仔细想想看。（f）

8. 小朋友们听仔细，白鹅倒影真美丽。（e）

9. 我的雨伞柄朝下，请你试着画一画。（t）

（二）复韵母姐妹戴帽子

师：小朋友们，刚才你们在和拼音王国的居民们打招呼的时候，国王派大臣送来了一道请帖，请全国的居民们和新来的客人们赶快准备一下，动身去参加王宫里的联欢会吧！国王特别提出，让复韵母姐妹戴上一顶漂亮的帽子去。可是姐妹两人都争着要戴帽子，正闹得不可开交呢。小朋友们，你来当小法官，把帽子给她们戴好，愿意吗？（三位学生上台给9个复韵母标上“－”声调。）（扮演 ai、iu 的四位学生两两上台。）

ai 中的 i：请大家来评评理，为什么姐姐可以戴帽子，我却不可以？

（一学生来讲理，即标调规则。ai 两人下。）

iu 中的 i：小朋友们，我和 u 妹妹在一起，我是姐姐，可为什么帽子还让她戴呢？

（另一学生来讲理，“i、u 并排走，声调标在后。”两人下。）

（三）乘坐马车

1. 师：小朋友刚才真能干，帮复韵母姐妹都戴上了漂亮的帽子。这时候，国王派来的六辆大马车都到了。（贴上6辆吹纸马车。）国王的小随从从车上跳下来说：“国王有请，大家要按身份坐车。第一辆车是单韵母专车，第二辆是复韵母专年，第三辆是声母专车，第四辆是前鼻韵母专车，第五辆是后鼻韵母专车，最后一辆是整体认读音节专车，请大家按身份坐到自己的车上去，哪些小朋友来当小小交通警察，去维持秩序，帮他们找到自己的车并统计好人数？（请6位学生上台，将拼音归类贴到车上。）

2. 师：我们坐车要排好队，让长辈先坐，我们后坐。拼音坐车也是一样，我们看看，他们是不是已经按次序坐好了？（若顺序排得不对，则可请学生来排好顺序，本步骤作为机动。）

（四）真假朋友

师：拼音王国的居民们坐着马车，和我们一起高高兴兴地来到了王宫门口。嗬，王宫里可真热闹，里面布置得可真漂亮！拼音们纷纷跳下车，找到自己的好朋友，说说笑笑进王宫去参加联欢会了。（扮演j、q、x、y和7个韵母的小朋友上，头戴拼音头饰。）咦，你们怎么还不进去呀？

j、q、x、y（愁眉苦脸，齐说）：因为我们找不到自己的好朋友了。

j：（手指7个韵母小朋友）他们中间只有4个是我们的好朋友，其他3个是假的朋友……

7个韵母（争着说）：是我，我是你们的真朋友！

j：这可怎么办呢？

师：别急别急，让小朋友帮你们找。小朋友，谁能教给j、q、x、y四兄弟一个认出真朋友的秘诀呀？快点帮他们找到真朋友！（众学生齐说ü上两点省略口诀：j、q、x、y四兄弟，不和u字在一起，看见ü字小弟弟，帮他擦去眼泪笑嘻嘻。）

（j、q、x、y各找一个朋友下去，另三个韵母随后各自下。）

（五）临别赠言

师：小朋友在王宫里和拼音王国的居民们一起唱啊、跳啊，玩得非常高兴。最后，国王对小朋友们说："小朋友们，今天，你们和我们拼音王国的居民们都交上了好朋友，还帮我们做了不少的事情，你们真是又聪明又能干。最后，我代表全国的居民们送给你们一句

话。”说着，国王就展开一张大大的纸，上面写着什么赠言呢？请小朋友们自己拼一拼。（出示幻灯句子）

拼音：祝乐清市实验小学一（3）班小朋友们天天开心！

（学生自拼后再指名读，齐读。）

师：国王的话，你们记住了吗？

（六）小结下课

这节课，我们一起去拼音王国做了一回客，小朋友们都很能干，和拼音们都交上了好朋友。下次有机会，我们再去拼音王国玩一回，好吗？这节课就上到这里。

【课例解读】

新的教学理念告诉我们：人在游历、活动中成长。人不仅在自己的活动中获得发展，而且人自身发展的动力之源正在于人的活动本身，人自身的游历、活动成就了自身的成长。用游历、活动生成的观点来审视当前的课堂教学，我们认为，教学过程中只有让学生亲历各种实践活动，才能不断满足学生现有发展水平和自身期望发展水平之间的矛盾需求，不断地生成和谐的氛围、真诚的对话、朴素的情怀。教学过程中如何让学生具有此种“生命游历发展的能力”呢？首先就应对教学内容和教学方式做出调整和改造。本课例就从这两方面作出具体阐释。

1. 整合内容，促成领悟

拼音教学在向纵深发展的时候，编者安排声母、韵母和整体认读音节的系统复习，把字母分类按顺序排列，以帮助学生区别和记忆。从学生能力发展的需求，从学生自我价值的实现、超越的角度看，教学内容绝不能简单划一。所以在确定“教材是凭借、材料和工具”观念的同时，我们要把“新课标”中提出的“三维”设计理念融入课堂的运行机制之中，即把“知识和能力”、“过程和方法”、“情感态度和价值观”的提升作为教学活动的主要内容。这类游历、活动内容不可能由讲授、告诉的方式为学生所掌握，只有通过学生的参与、探究、体验等活动方式才能内化、提升、滋长，从而实现学习的持续发展。本案中“j、q、x、y找真朋友”的游历，改变了以往教师提示或学生齐答的方式，而是通过“找真朋友”的游历，在操作活动中体验和感悟，联系旧知，舒展成生命“蓦然回首”式的领悟——“j、q、x、y四兄弟，不和u字在一起，看见ü字小弟弟，帮他擦去眼泪笑嘻嘻。”这样做，不仅整合了“三维”的设计理念，而且培植了学生的“语文智慧”。

2. 整合方式，分享创生

随着教学内容的整合，教学方式相应的也要整合，确切地说，一切教学方式都应该符合儿童的身心特点。儿童认识客观世界的方式一般都是直觉的、实践的、游戏的方式，而儿童喜欢的方式就应该是课堂的教学方式。本课例中很注意让学生在学习过程中把外部操作和内容、思维活动结合起来，采用“游戏连环演”的方式——每过一环，学生就建立多重表象，当这些表象积累到一定的程度，学生由外部感知逐渐内化，通过大量表象的相融，思维产生了一个飞跃，借助于语言，愉悦表述。

教学方式的整合，不光表现在要用符合儿童身心特点的方式去进行，用游历活动的方式去进行，还表现在活动方式的相融、发展和连续上。学生的学习从心理机制上来说，是一个从不平衡到平衡，然后又从平衡到不平衡的不断变化的过程，在这个变化的过程中，学生的需求是多层次的，既有认知的，也有情感的；既有自我探索的，也有与人交往的；既有心理的，也有生理的。因而充分了解学生在一定情境中所产生的需要，把各种不同方式的活动相融、连续起来，营造“生命舒展”的氛围，能够使学生在各个方面都尽可能地得到满足、得以创生。

课改，我们要辩证看待个性化

傅建林

《语文新课程标准》倡导“个性化阅读”的理念，提出：阅读是学生的个性化行为，要珍视学生的独特感受、体验和理解。

首先，这一理念的提出是人性化教育的需要。每位学生都是有思维的生命，有自我心理与知识需求的鲜活的不同个体。唯有倡导个性化的解读，才能真正走进并了解他们真实的内心世界，触摸他们生命成长的脉搏，更有效地帮助他们健康快乐地成长。

其次，这一理念的提出是教育教学改革的产物。只有倡导个性化解读，才能一改传统的“填鸭式”教学模式。从尊重学生独特的感受、体验和理解出发，引导学生更好地走进文本，与文本的具体语言文字符号对话，与作者的情感思想对话，与自己的生活经验和兴趣爱好对话，与师生的不同感受和理解对话，形成多元多层的立体对话模式，使教学形式更加开放、教学内容更为丰富、义更为深远。

再次，这一理念的提出是儿童心理与认知规律的需求。一是个性化阅读可以更好地激发学生更主动、深入地进入文本，与文本产生多重对话。二是个性化阅读倡导的核心是“独特的体验”，因每个学生的生活经历、兴趣爱好、社会阅历、认知水平不同，对同一个文本的感受与理解必然存在差异，通过个性化阅读方式与分享交流的平台，在学生个性得到充分张扬的同时，也使他们的理解和感受得到相互的补充，知识与能力同时得到丰富与发展，符合学生从简单到复杂、从形象到抽象、从感性到理性的认知规律。

当然，并不是所有个性化的张扬都是值得肯定的，从教育的目的层面说，个性的张扬是否值得肯定，要看是否符合我国目前的法律法规和道德标准。从文本的解读层面看，个性的张扬是否值得肯定，要看它是否体现文本的正确价值指向。唯有符合这两个标准的个性张扬，才是有利于每一个学生健康发展的，才是值得肯定的。

【新课案之课例】

案例：一教师上《小壁虎借尾巴》一课

师：同学们，我们已经学习了《小壁虎借尾巴》这一篇课文，你们来说说，最喜欢文中哪种动物？为什么？

生1：我喜欢小壁虎。

师：为什么？

生1：因为小壁虎能吃蚊子。

生2：我喜欢小鱼，因为小鱼能在河里游来游去。

……

生4：我都不喜欢。

师：为什么？能说说你的理由吗？

生4：(沉默了)

师：这样，我们一个个来说，好吗？先说为什么不喜欢小壁虎？

生4：因为小壁虎它不知道自己的尾巴被蛇咬断了，还可以长出新尾巴。

师：哦，如果小壁虎通过这件事，知道了自己的尾巴掉了，还可以长出新尾巴来，你会喜欢吗？

生4：嗯。

师（微笑着摸着学生的头）：你真是个聪明有主见的孩子。我们继续，为什么不喜欢蛇？

生4：蛇咬掉了小壁虎的尾巴。

师：有道理，那为什么不喜欢小鱼？

生4：小壁虎找小鱼借尾巴，小鱼不肯把自己尾巴借给它。

师：如果小鱼把尾巴借给小壁虎，小壁虎能用吗？

生4（想了一会儿）：不知道。

师问其他学生：其他同学说说，能用吗？

众生：不能用。

师：大家真聪明。是的，如果小鱼、老黄牛还有燕子把自己的尾巴借给小壁虎，小壁虎还是用不上。反之，小鱼、老黄牛、燕子如果把尾巴借给小壁虎，它们会怎么样？

众生：会死的。

师：这什么？

生5：流很多血就会死。

生6：它们把尾巴借给小壁虎就不能再长出来，小鱼就不能游泳、老黄牛就不能赶蚊子、燕子不能飞行，就活不了啦。

师：哈哈，大家真聪明。对，这样借给小壁虎有没有用呢？

众生：没用。

师（对生4说）：你看呢？

生4：没有用！

师：那你是不是改变了对小鱼、老黄牛、燕子的看法啦。

生4：是的。

生7：那小鱼、老黄牛、燕子为什么不告诉小壁虎它的尾巴还可以长出来呢？

师：你也是个爱思考的孩子。你说为什么呢？

生7：不知道。

师：大家也想一想。刚才这名同学提出这个问题：当小壁虎找小鱼、老黄牛、燕子借尾巴的时候，它们为什么不告诉小壁虎它的尾巴还可以长出来呢？

生8：它们太忙，没时间告诉它。

师：是吗？有没有不同答案的。

生9：它们可能不知道小壁虎的尾巴断了还可以长出来吧？

师：可能，这个词用得好，表示自己的一种猜测。还有吗？

生10：……

生11：……

师对生4：我们继续，为什么不喜欢小壁虎的妈妈呢？

生4：因为小壁虎妈妈没有告诉它尾巴断了还可以长出来，害它到处借尾巴。

师：如果现在妈妈告诉它啦，你愿意改变对它妈妈的看法吗？

生4：点点头。

师：你真是个又聪明又善良的孩子。感谢你提出这么多自己的想法，也感谢各位同学提出这么多的想法，这就是会学习。读书要有自己的想法。

【课例解读】

个性化的阅读，是学生个性的阅读，也离不开教师人文的阅读指导，即学生个性化的阅读行为应受到正确的价值指向的制约。不是只要个性化的思考都可以“囊括其中”，加以肯定，这样不能视为“珍视学生的独特感受、体验和理解。”所谓的珍视，体现的是一种尊重。尊重学生的个性化阅读与思考要立足于“为每一位学生健康发展”的高度来加以衡量的，这才是真正意义上的尊重与珍视。如此，学生便可以出现两个趋势的个性化阅读。一方面学生的个性化阅读行为是有利于“每一位学生健康发展”的。我们要尊重、珍视，并加以引导延伸，使其更为丰富深刻。如以上案例“学生不喜欢小壁虎，是因为小壁虎不知道自己尾巴断了还可以长出来，四处借尾巴。”这是学生的个性阅读，是由他的生活、学生经历及认知水平所决定的、是对“小壁虎自己无知”的一种真实情感流露。是啊！如果小壁虎知道自己尾巴断了，还能长出来，还会在被蛇咬断尾巴后四处借尾巴吗？一定不会的。这样教师要因势利导：“如果通过这件事，小壁虎知道自己尾巴断了还可以长出来，你会喜欢吗？”“嗯。”

这是一次人性化的对话，更是一种人性化的教育。对于自己不知的，如果他们能通过某些事自知了，我们还是要改变自己的看法和对他们的态度 。这需要我们学会理解、包容，这种人生的智慧是有助于“每一位学生健康发展”的。以上所说教师用反问的形式：“如果通过这件事，小壁虎知道自己尾巴断了还可以长出来，你会喜欢吗?”就延伸到这样的高度。这是一种尊重、一种珍视、一种智慧?

另一方面，学生的个性化阅读行为是不利于“每个学生健康发展的”。我们要怎么办? 同样要珍视，要在尊重的基础上加以灵活的引导，帮助学生领悟并改变不恰当的观点。如在以上案例中，学生不喜欢“小鱼、老黄牛还有燕子”的理由是“小壁虎找它们借尾巴时，它们都不肯借它”。这也是孩子的真实天真的想法，他从中读出了“小鱼、老黄牛还有燕子”的自私，不愿帮助别人。这显然与生活实际是相违背的。即使它们愿意把自己的尾巴借给小壁虎，小壁虎还是用不上，而它们自己却可能由此而丧失自己宝贵的生命。这样不利人又害己的行为显然也是没有价值的。教师通过反问的方式加以引导，领悟出他们不借的理由。这样做是正确的。

总之，对于学生个性化的阅读，教师要真正立足于“为每一位学生健康成长”的高度，以正确的文本价值指向为准绳，从辩证的角度加以审视，决定或引导延伸或引导纠偏，这样才算得上是理智的个性化阅读指导，才是真正的珍视学生的独特体验、感受与理解。

文本细读，发现和领悟文本背后的真意

窦桂梅

对一个专业的语文老师来说，解读教材的重要性毋庸置疑。目前，许多教师热衷于上网查阅教材解析、教学设计、课堂实录、教

学课件，稍加改动“皆可为我所用”。还有一些老师，已经习惯了依赖教参进行教学设计；选择教学方法，也喜欢照搬教参现成的“教材分析”。一旦离了这根“拐杖”，几乎寸步难行。没有对文本的触摸，没有对文字的咀嚼，长此以往，语文教师专业化发展的标志教功——解读教材的功夫和能力就会丧失殆尽。这就引出了“文本细读”这一命题。

【新课案之课例】

《卖火柴的小女孩》这篇课文虽说妇孺皆知，但大多数人未必能够准确理解，下面我们从语言、细节、篇章结构到文化背景都试着做出独到的解读。

1. 语言

以细读词语为例，我们应当反复琢磨、体味隐含在词句中的深刻意义。如《卖火柴的小女孩》课文第一句“天冷极了，下着雪，又快黑了”。一个“冷”，而且还“冷极了”，已表达出冷的程度。加上雪，更冷，还有冬天的黑夜，又是一个冷，三个冷放在一起，层层推进。但别忘了，这是大年夜，寒冬腊月、冰天雪地——所有这些加在一起，该是个怎么样的冷呀？细读之后，我们仿佛看到了那雪花纷飞、寒风刺骨的场面。那么，原来这看似简简单单的环境描写，却让我们一下子就置身于故事的情境当中。读出了这样的一层意味，后文中提到的小女孩光着头、赤着脚就更能唤起我们的同情怜悯。可见，作者所用的每一个词后面，都有一份意味深长的含义。所以，细读文本的时候，抓住重点词语品读，不但能读到词语本身的信息，引申开去，还会获得更为深刻的感受。

2. 细节

审视文本的细节，我们会发现，小女孩卖的一定要是火柴，在当时条件下，唯有火柴，才能提供光明、提供温暖，才能和黑暗、寒冷构成反差，形成张力。火柴也是小的，火柴散发的光也是小的，火柴本身就是一个小小的意象，与小女孩弱小的生命形成对照。也许并不在于火柴有多么强大的力量，而在于这个“小”女孩用自己美好的内心世界包容了那些不肯买火柴的大人、那大马车、那高大的墙。同样，就是因为这“小”中孕育着“大”，女孩才能看见那大大的火炉、又大又美的圣诞树、高大的奶奶。原来，小小的女孩用美好的心点燃了小小的火柴，而这小小的火柴又反过来点亮小女孩的整个生命。这，就是童话永恒的魅力。

3. 结构

因文本细读，我们就不会像以往那样，自以为是地抓住一句话、两个词，或是片言只语，断章取义，“只见树木，不见森林”，而造成对文本的曲解或误读。在解读《卖火柴的小女孩》的结构时，我们发现其结构有两个特点。一是整篇文章的前后对比。文章以火柴的点燃为分界，前半部分我们读出了小女孩的“不幸”，后半部分读出了“幸福”。而这“幸福”与“不幸”之间的桥梁，表面上看来是火柴，实际上是女孩内心对苦难的承受、对幸福的渴望。于是，前半部分中女孩的寒冷、饥饿、恐惧、孤独、悲伤这些“不幸”因火柴这个意象（更准确地说是渴望），使她获得了如后半部分所写的温暖、满足、安宁、慈爱、快乐这些“幸福”。“不幸”与“幸福”之间有了渴望，便形成了一个拱形的结构。

4. 背景

还以《卖火柴的小女孩》为例，作为一篇西方童话，读者解读的时候必然要考虑西方文化的背景。安徒生的童话之所以不朽，就是因为他的童话富有深刻的哲学意义。这位有着基督教信仰的作家，作品主题中总是洋溢着美好与高尚、谦卑与高贵、恬淡隐忍与梦想的追求——这人性最光辉、最伟大之处。为此，作品的宗教内涵同样值得重视。文中两次提到上帝：“有一颗星星落下来，就有一个灵魂到上帝那里去了”；“奶奶从来没有像现在这样高大，这样美丽。奶奶把小女孩抱起来，搂在怀里。她们俩在光明和快乐中飞走了，越飞越高，飞到那没有寒冷，没有饥饿，也没有痛苦的地方去了——她们和上帝在一起。”选入教材改编之后的课文呢，把后一句中的“她们和上帝在一起。”删掉了。当然，教材编写者为避免歧义，这也是情有可原的。为什么原译文要说和“上帝”在一起？因为前文提到“上帝”，删掉后者，没有承接，显得突兀。没有了天堂光芒的照耀，那个“地方”让人想到的依然是死亡，带给人的还是一种感伤。可谈到“上帝”，寒冷孤独中的人便有了依托，有了一个可以获得满足的地方，避免了生死离别的痛苦与悲伤。跟上帝在一起，就是跟美好、善良、幸福在一起！

5. 文本细读与主题生成

若说文本细读为我们提供的是散乱的珍珠的话，我们必须将这些散乱的珍珠穿起来，形成课堂教学清晰的脉络和结构，整合成一幅图景。而这样的组构靠什么呢？主题。怎样定位主题，并以此来设置整体框架性的问题呢？我想可以从以下两个角度入手。

首先从生活现实的角度看，一个美丽的天使之死，其羸弱的生命定格于狂欢的大年夜，定格于绝望的祈望，定格于令人心碎的死亡的微笑！寒冷、饥饿、孤独、恐惧、痛苦如狂风暴雨般无情地敲打着女孩无助的生命。为此，教学当中第一课时以“不幸”作为教学的线索，这是对于文本规定性的尊重。

【课例解读】

《卖火柴的小女孩》一旦被加以以上的“细读”，就可以拨云见日，呈现其完整、独特的“文本意义”了。当然，因为教师阅读经验、审美趣味和审美理想的限制，再加上教师阅读的特定情境的差异，不同教师和学生对同一文本的解读必然是有差异的，甚至同一读者在不同的解读背景下也会对文本做出不同的阐释。这些阐释有可能是与作者和文本的本意相背离的“误读”。但，作为细读的教师，最重要的是从细读后的“感觉”出发，从自己感觉最亲切、最深刻、最新鲜的“词句”出发，以主题提纲挈领、纵横捭阖。

教师在与文本“接触”的过程中，“读”出意义，然后回到课堂带着学生一起去建构，那么，学生对文本的认知与重建，就超越了故事情节的层面，便生成了学生的“意义”，这也就是我们说的主题的达成。

1. 正确认识文本细读的概念

“文本”是一种编织体。作为术语的“文本”，指具有层次结构的“能指系统”。文本更强调“原生价值”，而“课文”是因为入选教材、适应教学，被改编了甚至是被删减了的“文本”——强调的是其“教学价值”。若求教学的精益求精，教材的文本解读应当率先做到全面细致，以对其“原生价值”的充分领悟奠定把握文本基调的底气，以对其“教学价值”的充分挖掘实现教学内容选择余地的最大化。我们在细读时，不要忽视任何一个字、任何一个词，要读出每个字词后面的意蕴和味道。“细读”的根本是立足于文本，也就是“充分阅读”，就是要对文本所蕴涵的丰富内涵进行充分的发掘；就要尊重文本，从文本出发，注重细节的解读和结构的分析，通过细致和反复的阅读，对文本所蕴涵的深厚意蕴作出“丰沛的阐释”。“文本细读”，不能“站着看”，要坐得住，读进书里去，要“在汉语中出生入死”（朱光潜），读出自己的感悟，嚼出文本的味道，引发自己的思考。文学作品的细读，一般包括分析语义、语气、语法、意象、比喻、象征、音步、态度和情绪等因素，以辨认出复义、张力、悖论、反讽和语境等特性，从而揭示作品的内在有机结构和全部含义。“细读”下的“充分阅读”就是对文本进行“反复阅读”。所以，我们所主张的文本细读，是对于经典的文学作品，在充分阅读背景资料的基础上，借助文学理论为我们提供的方法和视角，就文本本身进行的反复、深入、全面、细致的阅读。

2. 怎样进行文本细读

文本细读要通过对语言的理解走进作品的艺术世界，与作品对话，与作者对话，用自己的心灵去感受。教师既要沉入文本，又要跳出文本，既在细节处探查入微，同时还要对文本有一个整体宏观的把握。细读中，我没有囿于这篇课文之中，而是把这篇经典的文章放在一个宏大的文化背景下，阅读了大量的相关资料，如《论安徒生童话的悲剧意识》、《以乐写哀倍增哀——卖火柴的小女孩反衬描写赏析》、《童话教学方法谈》……同时，我还读了《儿童文学教程》、《小说语言美学》、《相信童话》等相关理论书籍。然后再对课文和叶君健原译文进行对比，在比较中进行质疑与确认，写下了一万多字的解读札记。读中自有情和趣，读中亦有策与略。

3. 文本细读中应注意的问题

文本细读的起点一定是文章的语言。触摸文本，咀嚼语言，悉心体味，发掘内涵——作为语文教师，一定要有这个耐心，当然更要有这个能力，用一双敏锐的眼睛，发现文章字词句段、标点修辞上的亮点，并且将自己解读到的亮点变成课堂上学生学习的着眼点。总之，细读语言，从词与词、句与句、段与段的联系中揭示含义，把知识语言、文字语言变成心灵语言、智力语言，我们的语文教学方能有意识、有方向、有技巧地以“艺术训练”来代替“重复劳作”。

在对文本进行细读时，除了对文章的语言进行玩味、推敲外，文本中的某些细节也是值得我们发掘的点。因进行有条理的文本细读，“结构”是一个不容小觑的要点，而这恰恰是我们以前最易忽略的地方。结构主义认为：“事物的真正本质不在于事物本身，而在于我们在各种事物之间构造，然后又在它们之间感觉到的那种关系。事物是由各种关系而不是由事物构成的。”在细读文本时，把握好文章的篇章结构，就会对文本有一个宏观上更具高度的认识。要使文本细读不致流于形式、浮于表面，自然需要借助语言史、思想史和文学史的知识和理论把握文本的背景，把文本放在特定的历史文化语境中进行“情境还原”。背景是语言产生意义的原因和前提。背景虽然通常并不直接显现于文本之中，但却决定着文章的笔力走向、意蕴主题。围绕主题，将语言、细节、结构、背景等相关内容，有梯度、有逻辑地整合为一体，从而在实现工具性的同时达成人文性，这样一来，教学的设计就可借助整体框架性的问题，整合起来细读的内容。

真、善、美的课堂

刘金燕

随着素质教育的全面推行以及课程改革的深入，学生在整个教育过程中的主体地位越来越被重视。尊重学生的个体差异，重视学生的个性发展也日显重要。许多教师已经开始摒弃传统课堂的弊端，大力提倡个性化阅读。在此选取了江苏省小学语文特级教师孙建锋为研究对象，对他极富特色的个性化阅读教学进行解读和研究。

【新课案之课例】

师：同学们，今天是周六，你们和在座的老师一样放弃了休息日，来到这里与我见面。我非常感谢你们！（真诚地鞠躬，同学和老师热烈鼓掌！）想不想认识我？

生：想！（同学们异口同声。其中，有一位女同学高举着手并且站起来说。）

师：请你到前面来。（那位同学走到了前台，显得有些紧张。）听说盐城一小同学的字写得很棒，愿不愿意现场展示一下？

生：当然可以！（她很自信地说道。）

师：请你先写一个孙悟空的“孙”，再写一个建设的“建”，然后写一个雷锋的“锋”。（她的笔下立刻出现了“孙建锋”三个字，其他同学惊奇地看着黑板。）

师：你写下的就是我的名字。（她愣了一下，又下意识地吐了一下舌头，鼻尖上闪动着几粒细小的汗珠。）勇敢地喊一声，好吗？

生：孙建锋！（她的声音清晰而又响亮。）

师：好样的！其余的同学尽情地喊一声！

生：孙——建——锋。

师：六年来，你当着一位老师的面，既写又喊他的名字，有什么感受？

生：不礼貌。（她不好意思地说。）

师：还有没有不同的感受？

生：（一个胖乎乎的男孩子“噌”地站了起来！）你是在“师生互动”。（千余名听课的老师热烈鼓掌！）

师：真不简单！你小小的年纪竟然知道如此深刻而又前卫的教学专业术语。我很佩服你！（双手同时向他竖起了大拇指，听课的老师又一次热烈鼓掌。）

师：第一次来到物华天宝、人杰地灵的盐城，听说这里有丹顶鹤自然保护区，还有历史景观“新、马、泰”。（同学们开心地笑了起来。）请为我导游一下“新、马、泰”，好吗？

生：“新”，是新四军纪念馆；“马”，是铜马广场；“泰”，是原新四军指挥部所在地——泰山庙。

师：谢谢“导游”清晰的讲解。（笑声）孙老师也将带你们去旅游，去做一次精神旅游。我们将要到一座精神殿堂，与2500年前的古希腊哲学大师苏格拉底进行对话，去聆听他的声音，去触摸他的智慧，去汲取他的营养。现在就让我们一起走进——《最大的麦穗》。（板书课题）

师：这篇课文，共490字，只有两个生字。我相信经过认真练习，你们一定能把课文读得正确、流畅！

（同学们自由练习朗读，约六分钟。）

师：有问题的请自由发问！

生：请问孙老师，“麦垄”是什么？

师：问题提得好！请大家看我写“垄”……这是课文中的一个生字，翻开课后练习，先认真地描红，再临写一遍。“麦垄”是什么？有问题先问谁呢？

生：问自己。

师：有道理。如果自己解决不了呢？

生：问老师，问同学，问字典。

师：看来，解决问题的途径可真多！孙老师愿意和大家合作来解决这个问题。你们有没有见过麦地？

生：同学们都摇了摇头。

师：转过身去，看一看下面坐着的老师。如果说这就是一大块麦地，这样（用手一行一行地比划着）坐着的老师就像是“麦垄”。

生：（豁然开朗）哇，我知道了，“麦垄”就是麦地里那一行一行的小麦！（他那悠然心会的惊喜，宛如哥伦布发现了新大陆。）

师：孙老师也像你们一样高兴，因为咱们的合作是成功的！（同学们开心地笑了）

……

师：孙老师想倾听你们美妙的读书声，愿意展示一下自己吗？

（一学生朗读一、二小节。）

师：你读得正确、流利。但你还可以发挥得更好！如果你是苏格拉底，给学生提要求，既要让他们听得清又要让他们记得住，那么，苏格拉底的话该怎样读？大家都练一练，准备挑战这位同学。

（同学们练得有声有色。）

师：我相信，你一定能比上一次读得更棒！

（这一次朗读，他把“最大的”、“只许进，不许退”强调得很清楚，也很自然。）

师：真为你高兴，你一遍比一遍读得好！

（一生自愿站起来朗读课文的三、四、五节，他读得响亮、厚重。）

师：请你们转过脸来，让我们再次聆听他朗读的声音，欣赏他朗读的表情，分享他朗读的愉悦！

（生热烈鼓掌！）

师：大家的掌声是对你的认可与鼓励！

生：谢谢大家！

师：苏格拉底看到弟子们两手空空，一无所获地走到麦地的尽头，他是怎样开导弟子的呢？请朗读课文的第六小节。

师：看来你是严肃派的苏格拉底。（笑声）这一节谁再读一遍？

（一位女同学柔声细语地读起来。）

师：你的朗读如春雨，润“心”细无声。看来，你是温柔派的苏格拉底。

（同学们一听，爽朗地笑了。）

师：课文还剩下最后一节，愿意朗读的同学请站起来！

（同学们争先恐后地站起来。顿时，书声琅琅。）

师：短短的十几分钟，你们把课文读得正确、流畅，有的同学还能读得声情并茂，真是好样的！接下去，如果你们能够潜心地默读课文，与“苏格拉底对话”，一定会有许多美丽的收获！

（同学们仔细地默读课文，边读书边圈画，有时动笔写一写批注。教师参与其中，和同学们一起读书、思考。）

师：请你们交流各自的阅读感受，让大家共同分享你“收获”的快乐！

生1：苏格拉底要求其弟子去摘一个最大的麦穗，“只许进，不许退”。表面上是提出一种要求，实际上是告诉弟子们：时间不能倒流，生命不能重复！有句话说得好，“花有重开日，人无再少年。”人生的路上，我们要把握住每一次机会，不要错失良机。因为机不可失，时不再来啊！

师：（充满激情地说）你理解透彻，语言精当，表达流畅且自信满怀。孙老师非常欣赏你，咱们握握手！

生2：苏格拉底是一位好老师，他教导弟子，不在教室，在麦地；不用课本，用麦穗；不是直接告诉他们一个道理，而是让他们亲自实践，自己悟出一个道理。

师：你不是在批评我吧！（同学们都笑了）的确，“纸上得来终觉浅，绝知此事要躬行。”我应该向苏格拉底学习，同时也应该向你学习，因为你会读书，能够读出文字背后的声音。（听课的老师报以热烈的掌声！）

生3：我认为苏格拉底的弟子们很笨，他们太听老师的话了，只知道去摘一棵“最大的”麦穗，结果两手空空。他们为什么不知道留下一穗呢？因为一大于零呀！

师：好一个“一大于零！”（从课本里拿出一片银杏叶，走到他的面前）知道这是什么吗？

生3：银杏叶！

师：这可不是一片普通的银杏叶，它是我从家乡百年的银杏树上采下的叶。我一直把它珍藏在书本中，如果有一天哪位同学的语言触动了我的思维，震撼了我的心灵，我就将这片叶赠给它。（说完，双手递过这片银杏叶。）

（生3很激动地双手捧起这片叶！）

（全体师生热烈鼓掌！）

生4：课文最后一句话——“追求应该是最大的，但把眼前的一穗拿在手中，这才是实实在在的。”让我懂得：人应该有远大的理想，但也应该注重现实。比如，我的追求是考上北大，如果南开录取了我，我先去上，以后我还可以再考北大的研究生呀！

师：这样，你既读了南开又读了北大，如此的大学经历，是美妙的，也是双赢的！（从书中取出一片竹叶，说道）这是我去年从清华校园摘的，我想赠给你。看到这片竹叶，你想到了什么？

生4：我想由考北大改为考清华！（大笑）

师：我希望六年后，能读到一封来自清华园的信，而这封信正是你写的。

生4：一定会的！（他激动不已地从老师的手中接过那片竹叶，信誓旦旦地说。）

师：我期待着那一天！（说完，主动和他拥抱。）

（台下，掌声雷动，经久不息！）

师：这节课，我们共同度过了美妙的四十分钟！我们一起走进了《最大的麦穗》这座精神的殿堂，我们徜徉其间、流连忘返。不知不觉中，我们发现自己变了，变得更加聪慧、更加自信、更加个性，变得更加复杂也更加单纯，变得更加细腻也更加大气！谢谢大家！

孙老师在这节课中引导学生个性化阅读，引导学生探究性、创造性地解读文本，引导学生以新奇感、神秘感、无畏感走进一个个文学“迷宫”，迈进一座座文学“殿堂”，探索一块块文学“新大陆”，引导学生探究性阅读。如果把目光投向文本，那只为获得作品的原意；如果把目光投向作者，那是要获得交往的意义；如果把目光投向学生自身，那理所当然是为了满足学生的精神需要。学生每一需要的具体满足，都源于对文本中相应精神因素的探究、占有和享用。这些精神需要的满足和自我实现，恰恰是学生向健全人格发展的条件。

【课例解读】

孙老师的个性化阅读教学使学生唤醒了自我、张扬了个性，而以上《最大的麦穗》教学片段就是这样的典型课例。主要表现在以下几个方面。

1. 个性化导入

作为一名语文教师要敢于破除陈规陋习，敢于张扬个性，敢于用自己丰富的生活阅历来诠释知识，敢于把自己对语文、对生活的真实想法、真实理解“读”出来，用教师的个性色彩来铺就学生丰富多彩的个性。所以，在实际教学中，语文教师应灵活处理教材，转换自己的角色，创设良好、宽松的学习氛围。俗话说“好的开始是成功的一半。”孙建锋老师的导入非常巧妙，极具个性——让学生把自己的名字写到黑板上并让学生一遍遍地大喊自己的名字，以激起学生的兴趣。在这短短的时间里，孙建锋就拉近了与学生的距离。

2. 读在课堂上大放异彩

个性化阅读教学离不开读，只有读懂、读通文本，并准确地把握到文本自身所包含的知识的、情感的、道德的这些根本性的东西，才能引发出更多、更具有超越文本的个性化的东西。在课堂上孙老师以读为主线，引导学生一遍一遍地用心读书，读出自己的感受和体验。他在课堂上归还学生阅读的主动权，给予他们充足的时间，真正体现了学生的主体地位。这个《最大的麦穗》教学片段通过尝试读（感知文本）、思考读（感悟文本）、展示读（内化文本）、探究读（赏析文本）、无声读（超越文本），开拓出了阅读教学的新天地。

3. 有层次地设计问题，引导学生思考

指导学生理解苏格拉底的话是全文的教学难点，孙老师分层设计了问题，将突破点放在前文摘麦穗那部分内容上，降低了难度，使问题的解决有了很好的“把手”。随着问题层层深入，他循循善诱，终于让学生明白：“眼前麦穗”指眼前的机遇和任务，“拿在手中”则指抓住眼前的机遇和任务。追求应该是最大的，理想与追求的目标应该远大，但必须着眼现在，抓住机遇。把握现在，就掌握了未来。

4. 批注阅读是读书的好方法

让学生边读书边批注是值得我们借鉴的一个好方法。我们看到，学生批注课文虽然使课堂“一时寂静”，似乎浪费了很多时间，但学生在这个批注过程中发展了阅读兴趣，提升了阅读能力，形成了独立的个性阅读，尝到了阅读的甜头，并由此激活了自己的思维，抒发了自己的感受，展示了自己的个性，丰富了自己的情感体验，提高了自己的思维能力、表达能力、自我学习能力。

5. 以情激情，张扬学生的个性

在上述课堂实录中，学生谈自己的体会："我的追求是考上北大，如果南开录取了我，我先去上，以后我还可以再考北大的研究生呀！"孙建锋听了很是激动，对他大加赞赏，赞扬他读书读出了自己的想法，同时赠给学生摘自清华园的竹叶。他把学生当作一个活生生的人，抓住了教育孩子的最佳时机。

个性化的有效指导

林润生

《语文课程标准》指出："阅读是学生的个性化行为，应该引导学生钻研文本，使他们在主动积极的思维和情感活动中，加深理解和体验，有所感悟和思考，受到情感熏陶，获得思想启迪，享受审美乐趣。要珍视学生独特的感受、体验和理解，不应以教师的分析来代替学生的阅读实践。"

在教学实践中，由于不能正确理解和辩证把握个性化阅读的内涵，以致很多教师在教学中忽略学段目标和文体特点，而一味地引导体验，忽略思维的激发与引导，由此引来对新课程阅读教学的一些诟病。

【新课案之课例】

从三维的角度探索与实践"个性化阅读"的有效指导，必须处理好以下关系。

一、课程目标与个性化阅读

阅读是学生的个性化行为，阅读教学则是教师指导学生学习与实践阅读的教与学的行为。阅读教学要实现课程目标，包括个性化阅读的目标，就要受课程目标的制约，从目标出发，为实现目标服务。

首先，必须受到总目标的制约。总目标中的工具性目标是，要培养独立阅读能力，形成良好的语感，学会多种阅读方法，以及初步理解、鉴赏作品。个性化阅读，必须有利于总目标的实现。

其次，个性化阅读要受学段目标的制约。在教学中既要防止不到位，也要防止越位的情况。如第一学段的“个性化阅读”指导，要引导学生就自己喜欢的内容去感受；第二学段，则要抓住关键词句感悟主要内容和思想感情；第三学段，个性化的阅读，则必须关注文本的言语形式，从言语形式入手，体验与思考言语内容。

二、文本意义与个性化阅读

在指导学生钻研文本的过程中，如何指导个性化阅读呢？

杨再隋教授《语文课程的新理念和语文教学的新策略》一文中的《猫》的教例可以给我们启示：

例如一位老师教学《猫》，学生发言踊跃。

学生甲说：我知道猫会抓老鼠，我很喜欢它。

学生乙说：我看见猫的毛黑白相间，摸起来很光滑，也很好看，我很喜欢它。

学生丙说：我喜欢吃鱼，猫也喜欢吃鱼，我们都喜欢吃鱼。吃饭时，我把碗里的鱼给猫吃，它仰着头“喵喵”地叫，好像说，谢谢你！我和猫是好朋友。

第一个学生是从猫的作用来谈的，他喜欢猫是基于“告诉”获得的知识。

第二个学生是从猫的外形来谈的，他喜欢猫是通过感知获得的经验。

第三个学生是从“我”和“猫”有共同的兴趣爱好上谈的，他喜欢猫，是一种情感的自我体验。

举杨教授此教例，意在说明：第三个学生讲的是一种独特的体验，值得珍惜；语文教学就是要倡导学生通过自己的探究去获得独特的感受、独特的体验和独特的理解。

对此案例，我们还可以做另一解读，就是从中体会什么是个性化的阅读。个性化阅读，可以是结合获得的知识的阅读，可以是结合生活经验的阅读，可以是获得体验的阅读。当然，也可以是结合想象的阅读、变换言语形式的阅读，还可以是结合画画的阅读。而且，不管是什么方式的个性化阅读，都必须从文本出发，从文本的言语形式入手，既求同又存异。求同，就是求得和文本意义最为接近的理解；存异，就是要鼓励学生基于不同心理特点阅读感悟，鼓励学生结合不同知识背景与生活经验阅读感悟。

1. 根据不同心理特点引导

根据文本特点，综合运用整体思维与分析思维，交叉运用激发情感的教学策略和引发知识经验的策略，是个性化阅读的有效指导策略。

如，李明新老师教《董存瑞舍身炸碉堡》，首先是引导学生理清思路，整体把握课文结构，他让学生速读课文，用自己的话说说作者是按怎样的顺序写这个故事的，并相机板书：

战斗打响　坚决请战　身上负伤　危急时刻　激励战友

前进受阻　得到批准　冲到桥下　舍身炸暗堡　解放隆化

（这一环节体现整体感知。）

接着，引导学生质疑问难，并从中确定“舍身炸暗堡”为主要学习内容，然后指导学生自悟，感悟英雄形象。教学步骤如下：

①默读课文第七自然段，联系前文想一想：为什么董存瑞要舍身炸暗堡？

②组织交流个人看法，加深对课文前后内在联系的认识。

③在这样的危急时刻，董存瑞做出了怎样的生死抉择？放声朗读课文第七自然段中描写董存瑞舍身炸暗堡的语句，看看董存瑞的哪些表现给你留下了深刻的印象，为什么？

④学生抓住人物的语言、动作、神情等不同方面的描写体会董存瑞的思想感情。

⑤观看电影片段。

⑥有感情地朗读课文。

⑦指导回顾整体，认识董存瑞的舍身精神是贯穿全文的。（这一环节主要体现局部的探究分析，既有朗读、视频画面对情感的激发，又有对语言、动作、神态的理性的分析。）

最后创设语文实践情境，深化对英雄的认识。①出示董存瑞的真实照片、纪念碑及塑像。②给纪念碑题上一句话或为塑像起个有气魄的名字。（最后一个环节体现个性化的表达，是对个性化阅读的检验。）

李老师《董存瑞舍身炸碉堡》的教学，堪称遵循儿童心理特点的一个教学范例，既有整体把握的引导，又有局部的深入探究，既有情感的激发，形象的思维，又有理性的分析，使不同心理特征的儿童的个性化阅读都能得到有效的引导。

2. 根据不同的知识背景和经验背景指导

学生对文本的解读，带有个体的特点。老师应从不同层面去指导，并认可不同知识经验背景的学生对文本的解读。如，《圆明园的毁灭》，文本意义在于通过圆明园的毁灭来激发读者不忘国耻、振兴中华。文章的第三段主要通过写圆明园的建筑宏伟来展示圆明园昔日的辉煌；对圆明园的辉煌感悟有多深，对毁灭的惨痛的理解就有多深。教学中，首先可以引导学生从文本的言语形式入手，从圆明园的几个“有”去体会圆明园的建筑宏伟；其次引导学生联系有关知识或生活经验体会，如：对圆明园的建筑宏伟，你还了解多少，是怎么了解的？你到过平湖秋月、安澜园等风景名胜吗？身临其境，你有过什么感受？有关知识与生活经验参与的个性化阅读，能使学生更加深刻地体验圆明园建筑的宏伟；再次，播放有关圆明园建筑的图片，引导想象和谈感受。

三、言语形式与个性化阅读

文本的言语形式，是丰富多彩的，有概括的表达，也有细节的描写；有情感的直接抒发，也有曲折的表达；有按顺序写来，也有倒叙插叙的峰回路转；有“大江东去，浪淘尽”的豪迈，也有“人比黄花瘦”的清新婉约……即使是同一主题，言语形式也是千变万化的。如，同是表达伟大的母爱，《麻雀》一文，是尽情地渲染老麻雀奋不顾身拯救小麻雀；《荔枝》一文，则是惟妙惟肖地描写母亲对荔枝喜爱却又舍不得吃的细节；《秋天的怀念》则在叙写“我”下肢瘫痪后重病的母亲对我的照顾的同时，深刻抒发“我”心灵的感受。文本的言语形式不同，个性化阅读的指导也就不同。

四、误读与个性化阅读

学生在学习阅读的过程中，特别是在个性化阅读的过程中，由于个人的审美情趣、性格、文化修养、期待视野、经历等的不同，获得的阅读感受与审美关注就会不同，投射到文本上，误读就难以避免。误读有“正误”与“反误”之分。“正误，是指读者的理解虽与作者的创作本义有所抵牾，但作品本身却客观上显示了读者理解的内涵，从而使得这种‘误解’看上去又切合作品实际，令人信服。”“反误，是指作者自觉不自觉地对文学作品进行穿凿附会的认识与评价，包括对作品非艺术视角的歪曲等等。”对正误，教师不仅不能批评，还要鼓励。如，《跳水》一文，课文的主旨在于说明在危急时刻，要冷静，找到解决问题的办法，但学生却可能会有不同的解读。

【课例解读】

正确理解新课标“个性化阅读”的精神，辩证处理它与教师指导的关系，针对其进行有效指导，才能使新课程阅读教学取得预期效果。

三维的课程目标是贯穿新课标的红线，“个性化阅读”也是三维的，它包括下面的内涵：个性化阅读价值观指向人文性，即人文精神的领悟；个性化阅读必须凭借文本，关注文本的言语形式；个性化阅读要体验，更要思维，力求思维与情感的统一；个性化阅读是学生的阅读实践，不能以教师的阅读分析去代替；个性化阅读必须有老师的指导。

每个文本，都有其内在的文本意义，即内在的价值取向，文本意义的模糊与蕴藏之深首推朦胧诗，读者也是把读懂其文本意义视为阅读目标并从中体验阅读的乐趣，而不是想怎么读就怎么读。

学生思维的发展，不同年龄阶段有不同的共性特点；但同龄儿童的思维特点，又是有差别的，是“一花一世界，一树一菩提”。如，对主要内容的把握，有的侧重整体思维，在于对全文的多遍的阅读；有的侧重分析思维，遵循从部分到整体。因此，把握全文主要内容的阅读指导，既要有几次的从整体上的把握，也要有一部分一部分的或针对重点部分的阅读指导。强调整体感知，忽略一部分或重点部分的学习，是对侧重分析思维的同学的学习方式的不尊重。

对学生的反误，要宽容但不纵容。宽容，就是要谅解学生个性化阅读中发生的错误；不纵容，就是对阅读中的错误不能不置可否，更不能无原则地鼓励，错就是错，要及时让学生明白错在哪儿。

总之，个性化阅读的有效指导，要以课程目标为依据，要尊重文本意义，要关注言语形式和正确对待误读。

徜徉文本之中，链接文本之外

林春曹

朱光潜先生在《谈美》中说：“慢慢走，欣赏啊！”这句话原本是阿尔卑斯山谷中一条风景极佳道路上的标语，它是在提示游人景色无处不在，只是你要学会欣赏。把这句话链接到阅读教学中来，我们对待文本的解读，不也应该带着“慢慢走，欣赏啊！”的心态吗？文本解读，就是应该以一种欣赏的姿态，在语言之途悠闲地散步，置身文本间，徜徉文字中，可以品味文本语言中的韵味情调，可以洞悉文本内在的思想脉络，可以开启一扇扇语言、思想的窗户，可以链接到文本之外的人事景物。

在文本解读中，我们的视野既应在文本之中，字斟句酌、品词析句——这是文本解读的根本，也应在文本之外，思接千载，视通万里，读出个性，彰显自我。那么，对我们广大的一线语文教师来说，文本解读的“触觉”可以向哪里延伸，文本解读的广度又该向哪里延展呢？本文拟就此话题，做点挂一漏万的阐释。

【新课案之课例】

一、主题链接

主题是文本的灵魂，它内隐在文本的字词句段篇中。主题也是文本中一根敏感的神经，一旦被触动，读者的思想情感、人生阅历、阅读积累都将会被激活。在这个同心圆中，既有相似主题的其他文本辅读，也有现实生活中鲜活的人事景物映现。

如解读《师恩难忘》（苏教版小学语文五上）一文，我们会很自然地想起一系列的回忆老师的文章，尤其是魏巍的散文名篇《我的老师》，会不时地与《师恩难忘》一文的解读重合。读着读着，我们的心中还会渐渐记起自己的启蒙老师，记起启蒙老师留给我们的难忘画面、故事。

二、情节链接

小学语文教材中有些课文，选自经典名著，有相对的独立性，其中一些情节脉络却有着前因后果的关联，但教材限于篇幅，不能一一交代清楚，这便给文本解读留下了较大的空白。在文本解读中，我们的视野既要关注到教材中的节选片段，也要对一些情节空白的来龙去脉有所知晓，这样可以高屋建瓴地解读文本。

如解读《林冲棒打洪教头》一文，这篇课文节选自我国古典名著《水浒传》，原题为《柴进门招天下客，林冲棒打洪教头》。我们在这篇文本的解读中，便会发现诸多情节空白点，如“林冲做着东京八十万禁军教头，为什么会被高太尉陷害?”“林冲一个犯人，怎么会来到柴进庄上?”“林冲棒打洪教头后，又去了哪里，他的命运又怎样?”这些问题都是我们在文本解读时，无法回避的，而这些相关情节在施耐庵的《水浒传》中都有精彩详尽的描述。因此，我们在解读这一类文本时，触角需要延伸到原著之中，拉开文本解读的线索，展开文本解读的平面，让文本解读的视野更开阔。

三、角色链接

文本解读，扣人心弦的是跌宕起伏的情节，感人至深的是血肉丰满的角色，这在文学作品中的解读中尤为凸显。我们在文本的字里行间穿行时，文本中人物角色的言行举止、喜怒哀乐，并不静默在白纸黑字的书上，他们会随着解读的深入，渐渐幻化在我们的脑海中。在文本解读的那一刻，你就是文本中的角色，或者说你就站在角色的身边，你会有期待，期待下一个场景的出现；你会有担忧，担忧不幸事情的发生。文本中的角色既活在文本中，也活在每一个读者的心中，这就是人们常说的“有一千个读者就有一千个哈姆雷特”。

四、语言链接

文本中的语言，是一扇神秘的窗户，谁能开启它、解密它，谁就能抵达文本解读的深邃彼岸。对于那些语言特色鲜明的文本，我们更是要在语言品味上下足工夫才行。汉语言博大精深、语约义丰，有时候一个词、一句话，甚至是一个标点符号，剖析开来可能就是一个场景、一段故事，这也正是语言的魅力所在。文本解读中，遇到这样的语言，我们一定要驻足流连，反复品味，展开想象。

如解读《林冲棒打洪教头》一文，课文中写林冲与洪教头第2次交手时，有两个精彩的招式，洪教头使出“把火烧天”，林冲还以“拨草寻蛇”。这两个招式共用了8个字，文中没有展开描述这两个招式的具体细节，却给我们留下了解读空间。洪教头“把火烧天”这一招，应是从下往上抡棒，为的是从上面打击对方，此招虽凶悍，但弱点也很明显，自己的下半身暴露给对方。而林冲正是抓住洪教头的骄纵，露出下半身的破绽，使出“拨草寻蛇”招式，应该是准备奔他的脚下扫去，有“四两拨千斤”的效果。这两个招式，非常契合这两个角色的性格特征，洪教头恨不得“把火烧天”，一棒打败林冲，而林冲则“拨草寻蛇”，以轻巧的一拨化解危险，显得内敛沉稳。林冲与洪教头还未交手，但这两个招式已见分晓，人物形象刻画得栩栩如生。

五、意境链接

叶圣陶先生在《语文教学二十韵》中说：“作者胸有境，入境始与亲。”文本解读，即是一个“入境”的过程，“入境”是一种“物我两忘”的阅读状态。实际上，在文本解读中存在着两个相关联的“意境”。一是，文本自身所呈现出的意境，它主要是凭借语言文字营造出来的，是不以读者的心境而改变的，当然它只是一种相对的客观存在。二是，读者在当下阅读中所体悟出来的意境，它是源自文本的阐释，但又不完全受文本的制约，它更多的是投射进读者在阅读时的心境情绪、人生感悟、已有经验。文本解读中所出现的这两个意境，有时重合，但更多的时候则是内涵相交而外延有异。

【课例解读】

在文本解读中，如果从主题这一视角出发进行链接，我们可以画出一个很大的同心圆，其圆心就是文本主题。在文本解读中，主题链接有时是在一种潜意识非理性的状态下进行的，是一种阅读直觉，无须你冥思苦想，就在文本的字里行间映现出来。主体链接，让文本的解读变得更加饱满、更加亲切。这种阅读链接，与一个人的思想情感、人生阅历、阅读积累呈正相关。

我们在文本解读中，一定要让心沉静下来，慢慢进入文本的世界中，把自己的情感、阅历、生活也投入进去，在“我”与“角色”之间进行穿行链接，从而读出自己的真心真情与真切体验来。如果说“情节链接”是文本解读中的一个横向广度，那么“角色链接”则是文本解读中的一个纵向广度，其在文本解读中是不可或缺的，它使文本解读变得血肉丰满、饱含真情。

在文本解读中，对任何一个词语、任何一个句子，我们都不应轻易放过，要学会揣摩咀嚼，把一些内蕴丰厚的语词从文本中摘取出来，链接到生活情景、相似经历、想象世界中，使其具象化，就会解读出文本中的“三昧”来。

我们在文本解读中，要尊重文本意境——这是对文本、作者的尊重，但也不能忽略读者意境，这是对读者自己的尊重，是一种个性的彰显。若是只有文本意境，那么文本解读就会变得很单薄，冷冰冰的，缺乏生气。而有了读者意境的链接，文本世界就会变得鲜活起来，温润起来，竟至饱胀起来。

文本解读需要广度，广度可以延展文本、丰厚文本、激活文本。文本解读的广度，深深植根于文本的主题、情节、角色、语言、意境之中，它也需要与读者的阅读积累、人生阅历、生活情境、想象世界等作即时链接。

沉入背景 聚焦人物 凸显矛盾

刘小波

“作文作文，作得头疼，学生怕写，老师难改”。这句话真实地反映了我们作文教学中存在的问题。不少小学生在习作时不是无话可写，就是有话写不出来。他们写出的作文的特点是内容空洞，语言干巴，千篇一律，层次不清，缺乏联想。我想，主要原因是由于学生无法沉入背景中，无法聚焦人物的特点，无法凸显叙事的矛盾情节。下面以人教版小语四习作教材为例，阐释我在细读习作教材方面的思考。

【新课案之课例】

这次习作的内容并非我所喜欢的题材，残酷的战争叙事给心灵带来的紧张、混乱、悲惨的印象，使我自小对战争充满了畏惧、排斥感。但我们又不能回避那些悲惨的岁月。回忆过去虽然痛苦，却是教会孩子宽容、怜悯、互助、爱好和平的最好途径。

有人说：文本是您自己的文化视野生命境界的倒影！第一次以文本细读的方式来解读习作内容，该怎样读懂这一幅单图、几句习作要求呢？

沉入：还原习作材料的立体时空

背景及作者：“照片是历史的眼睛。”这张原题为《上海火车南站废墟中的男孩》的照片拍摄于1937年8月28日，记载的是淞沪会战期间，日军轰炸上海火车南站后的悲惨景象。当时火车南站挤满了想要撤往内地的群众（约1800多人），其中多数是妇女和儿童。下午2时左右，四架日机飞临南站上空实施轰炸，当场炸死500多人。不一会儿，又有八架日机再次投下炸弹，炸死200多人。

照片显示出来的画面是，被炸毁的上海火车南站的瓦砾堆和废弃的铁轨，一个受伤的小男孩坐在铁轨中间凄惶无助地哭泣。拍摄这张照片的是供职于美国赫斯特新闻社的中国记者王小亭，他享有“新闻照片专家”的美誉。他拍摄的胶片被美国军舰从上海送到菲律宾的马尼拉，再通过泛美航空公司的飞机送抵美国纽约。两周后，美国报阀赫斯特所拥有的报纸和所提供的新闻记录电影上，在废墟中哭喊的“中国孩子”与观众见面。

那么，王小亭想通过这张照片传递给我们一些什么呢？根据我的解读，那应该是一种对轰炸现场惨景的极度震惊，一种对无辜受难群众的深切同情，一种对侵略者滔天罪行的愤怒谴责，一种对战争的厌恶和憎恨以及对和平生活的大声呼吁……当然，在这些情感里，也夹杂着作为一个有良知的职业记者的责任感和对新闻事实的敏感。

整体观照：作为一个有着职业敏感的知名记者，王小亭拍摄的这张照片在选材和构图上有着极为讲究的艺术性：镜头最前面左下角是正在无助哭泣的受伤儿童，然后是大片的废墟以及远处倒塌的房屋，空旷的画面背景带给人的是一种无声的令人窒息的印象和无穷的想象张力。

细节关注：“图片是瞬间的永恒”。照片显然是通过小男孩这一特定的人物和背景中的轰炸后的废墟来传递事实信息和作者情感的。体现了新闻照片独有的特点。

（1）聚焦——关注小男孩的命运：王尚文告诉我们，要倾听文本发出的细微声响。泛黄的照片上，小男孩衣衫褴褛，全身血迹斑斑，哭泣的表情透示出惊恐无助，他占据着图片的左下角极小却又极醒目的位置，触目惊心。于是我们不禁要问：这个小男孩为何要哭泣？他的父母在哪里？当时可能发生了什么事？这个孤独的孩子以后命运如何？这一连串的问题必然是作者主观上想要带给所有读者的共同疑问，也是这次习作提示中的几个主要问题。

因此，我们不妨作这样的推想：几分钟前突如其来的轰炸给小男孩幼小的心灵带来了毁灭性的打击、惨绝人寰的狂轰滥炸后死一般的宁静（间或夹杂有一些受伤者的痛苦呻吟）、凌乱不堪的场面、遍地残缺不全的尸体、找不到父母的惶恐、受伤后的疼痛，使小男孩号啕大哭……幼小的身体，在偌大的废墟中显得那样的渺小无助，让人揪心不已。

至此，图片中人物形象在轰炸后断壁残垣的零乱场景中逐渐变得丰满和立体起来。

（2）诘问——凸显图片中的矛盾：空中为何满是飞扬的尘土和浓浓的烟雾？本该人流涌动的火车站除了小男孩再无一人，人都到哪里去了？倒塌了一半的人行铁架天桥狰狞恐怖，本该干干净净的铁轨上为何却一片狼藉？废墟中为何有一个孤零零的受伤儿童在那里惊恐大哭？他是如何死里逃生的？废墟下面的有些什么？一连串的诘问凸显出一连串的矛盾。很显然，照片拍摄者极为敏锐地把握并凸显了当时的背景：大轰炸后的火车站狼藉一片、死伤无数的惨状。这些矛盾之处恰是图片最能震撼人心之所在！

于是，在细节寻觅中，我们的心因为这个儿童的命运紧紧相连，我们的想象也因为这样的构图而由静到动、由黑白到彩色、由无声到有声，我们的灵魂被图片展现的场景深深震动，图片所呈现的遥远时空由于我们对细节的沉入体会变得立体、清晰起来。

【课例解读】

（1）厘清：定位习作指导的目标与策略

（2）认知前结构和单元整体背景：四年级儿童对战争的认知多是从文字和影视图片中获得，缺乏真实的生活体验。因此这样的题材对儿童来说是陌生的、遥远的、抽象的。这是我们在解读这次习作内容时必定要了解的学生知识前结构，也是我们制定教学目标的基础。一旦个性解读漠视儿童认知世界、儿童年龄特征，主体性就会变成一种时尚的名词被搁置于课堂之外。

但是，把这篇习作放在单元整体框架内来分析，我们又得注意，通过本单元《夜莺的歌声》、《小英雄雨来》、《一个中国孩子的呼声》、《和我们一样享受春天》等几篇战争题材课文的学习以及拓展性阅读，加上影视媒体的接触，学生已经对战争有了一定的感性认知。在这种单元背景框架下来思考学生的前认知，可以帮助我们准确地制订学习目标。

（3）习作目标：从单元序列习作训练的要求来看，以上只是从人文性的角度厘清了教材编者意图，还须解读出习作材料中学生应该达到的工具性目标。

首先，我们得确定，这是一次看图写话，第一步就应该指导学生有顺序地观察。因此，有序观察应该成为指导的一个侧重点。

其次，我们需要解读教材提供给我们的习作要求，这是制定目标的重要依据。“联系照片中的人和景，把你看到的和想到的写下来。内容要具体，语句要通顺，表达出自己的真情实感。”教材上只有这短短两句话要求，我们该如何定位学习目标，才能准确把握住年段特点？

我们可以把这两句话拆解开来看。“联系照片中的人和景，把你看到的和想到的写下来。”实际就是要“表达出自己的真情实感”，也就是“真实”的目标。“语句要通顺”是每次习作的基本要求，可以不列为本次习作的重点目标。那么，“内容要具体”则成为这次习作的重要目标，因为这类习作最大的问题也在于容易写成空洞的无病呻吟。围绕着前边的“聚焦”和“凸显”，我们可以采取各种有效的指导策略指导学生将本次习作写具体。需要记住的是，中年级习作侧重片段练习，因此，我们在课堂上的指导便应该侧重于指导将片段写具体，而将成篇的文章放在课后让学生自主进行。这也是实现习作课堂教学实效、高效的途径。

因此，有序、真实、具体，应该成为本次习作指导的重要目标。这也是我们在指导和讲评时体现人文性和工具性和谐统一的着力点。

总之，本篇习作教学既要通过聚焦、想象、凸显等策略引导学生丰富对图片的感性认识，同时，也要注意鼓励学生多使用积累的新鲜语言，有创意地表达，将看到的和想到的按顺序写具体，写出真情实感！

附：

下面这张照片是 1937 年 8 月 28 日，日本侵略者轰炸上海火车南站时，被记者拍下来的真实情景。仔细观察照片，想一想这个小孩为什么哭？他的父母在哪里？当时可能发生了什么事？这个孤独的孩子以后的命运如何？联系照片中的人和景，把你看到的和想到的写下来。内容要具体，语句要通顺，表达出自己的真实情感。

上海火车站废墟中的男孩

第四辑　让人文乳汁滋润学生的心田

离开人文性，语文教育将褪去生命的色彩，丧失人性的魅力，枯竭生活的源泉，毁灭艺术的创造。一名好的语文老师，他在学生面前，就像一本让学生读千遍万遍也不厌倦的书。

——刘雪峰

语文课堂上的生命化教育绝不是生硬的灌输说教，更不是“荒自己的田，种他人的苗”，而是要找到工具性与人文性的共振点，采用多种形式感悟语言、积累语言、学习运用语言，在不断的语文实践中培植学生的情感，为他们的精神打地基。

——康铭志

教育本身就意味着：一棵树摇动另一棵树，一朵云推动另一朵云，一个灵魂呼唤另一个灵魂。

——何　萍

让人文之花悄然绽放

刘雪峰

语文具有工具性，同时又具有人文性。语文是生命之声，是文化之根，是人的精神家园，它可以是光，可以是火，可以是土，可以是山，可以是出鞘的利剑，可以是心底的长歌，可以是无边的芳草……它对学生的情感、态度、价值观的影响必然是广泛而深远的。但是语文课堂又如何浸润人文的色彩？如何负载精神的使命？如何流溢生命的动感？应该怎样使学生享受语文，感受到“语文是甜的”？我们思考着……

【新课案之课例】

千呼万唤始出来，犹抱琵琶半遮面

案例一：《西门豹》惩治巫婆官绅部分

师：读了这部分课文，你觉得西门豹惩办巫婆、官绅的办法怎么样？

生：很好，很巧妙。

师：好，好在哪儿？妙，又妙在何处？——哪些同学愿意上来演一演？咱们一起评一评。

在选定一女生扮演巫婆、三女生扮演侍女、三男生扮演官绅后，表演开始，教师和余下的学生作为导演可以随时在一旁大声叫“停”，指出不足后再行“重拍”。就这样拍拍停停、停停拍拍，约摸一刻钟后，课本剧在师生的共同“编导”下初步“成形”。

表演的重点在于上学生感悟西门豹以其人之道还治其人之身的方法之妙，明白善有善报恶有恶报的道理，活动的关键是让儿童获得体验，而以上活动却把时间浪费在演技的推敲与雕琢上，真是顾此失彼。

案例二：《三个儿子》教学片段

师：明明有三个儿子同时在眼前，为什么老爷爷说只看到一个儿子呢？

生：老爷爷看到的是帮妈妈提水的儿子，只有这个儿子做得对啊！

生：我也认为提水的儿子做得好，他知道提水辛苦，去帮妈妈提水，这是很不错的表现。

生：帮妈妈提水的儿子才是有孝心的。

生：我和老爷爷的看法一样，我也认为只有主动帮助妈妈做事的儿子值得称颂。

……

师：孩子们的想法是对的，老师也和老爷爷的想法一样，在这样的情景之中，只有那个主动去帮妈妈提水的儿子才是最棒的！

生：（举手）老师，我有不同的想法。

师：请把你的想法说给大家听一听。

生：帮妈妈提水的儿子是表现很好，但是我觉得那个翻跟头和唱歌的孩子也做得很棒！（课堂上一片喧哗）

生：我认为对妈妈的孝心不仅仅是帮妈妈提水，那个翻跟头的孩子在用他优美的动作给他的妈妈带来轻松的心情，从而消除提水的疲劳；唱歌的孩子在用他动听的歌喉给妈妈带来愉快的心境，继而忘记提水的辛劳！他们的做法都是在孝敬妈妈，只是表现的方式和方法不一样而已。

师：你的想法比较独特，我们还是要同意老爷爷的看法，应该说只有那个帮妈妈提水的儿子才是正确的。

孝心，是多么神圣而亲切的字眼！孝敬父母，又是多么崇高而又圣洁的感情。《三个儿子》倡导儿子对妈妈的孝心，可孝心的体现并不局限于给妈妈提水，正像那个孩子思考的一样，“翻跟头”、“唱歌”给妈妈带来很好的精神享受，让妈妈在愉快中劳动，忘却疲劳，不也很好吗？

居高声自远，春来花自香

案例三：

教学《黄鹤楼送孟浩然之广陵》。学生初步理解诗句后，教师出示课件，展现在学生眼前的是这样一幅景象：在浩荡的江水中，孤帆渐行渐远，即将消失在水天相接之处。

师：此刻，你就是站在江边的大诗人李白，你的好朋友孟浩然就要和你分别了，你们不能再在一起谈古论今、吟诗作赋了；不能再在一起痛饮美酒、畅叙友情了。你久久地伫立江边，遥望那一叶孤帆，不想对老朋友说些什么吗？

学生略作思索便举起了小手……

师：真是难舍难分啊！所以李白深情地吟诵诗句，以表离别之情。同学们，哦……不，诗仙李白，此刻，你就通过吟诵诗句来表达情感吧！

看了上面的案例，不禁为这位老师巧妙的点拨所折服，他一番情真意切的话语，就创设了一个难分难舍的情境，让学生从旁观者的角色转为当事人的角色，进入大诗人李白的内心世界，去体会诗人的情感。学生仿佛穿越了历史的时空，摇身一变成为那黄鹤楼下的李白，他们的心完全沉浸在那依依惜别的意境中。这是一堂充满灵性与人文关怀的课，对学生来讲是一种享受，更是潜力的开发。这样的课堂，是双方精神、情感、生命的对话，是相互信赖氛围下的启迪，是平等交流之后的赏识和愉悦。

案例四：

师：春雨唤醒了桃花、柳树、青蛙，如果你就是它们，你会怎样感谢春雨？

生：如果我是桃花，我会这样感谢春雨："春雨啊谢谢你，是你让我捧出了火红的桃花。"

生：如果我是柳树，我会这样感谢春雨："春雨呀谢谢你，是你让我吐出了新芽。"

师：说得真好，大家想象一下，除了桃花、柳树、青蛙以外，春雨还会唤醒什么生命？

生：春雨中，花儿张开了笑脸。

师：（鼓励、评论、启发）

生：春雨过后，小鸟在晴朗的天空中飞翔。

生：春雨中，大象在河里洗澡。

生：春雨让小溪汇成江河，让江河流向大海。

师：同学们说得太好了，我们夸夸她吧！

生：（齐）Very good.

师：好，下面让我们轻松一下，好吗？

生：好。

师：唱什么呢？

生：我们唱小雨沙沙吧！

（学生律动齐唱）

师：我这里有几个头饰，想请几位同学分别来扮演头饰代表的角色，带上自己丰富的想象，把春雨、青蛙、麦苗的对话表演出来，谁想来试一试？

本案例中教师巧妙引导学生与春雨对话，使人与自然融为一体，情感得到升华。同时，注意让学生联系生活，想象春雨还会唤醒什么生命，学生的创新思维得到飞跃。随着教学情节的展开，教师再次创设情境，让学生分别戴头饰演一演春雨、桃花、青蛙、麦苗，这不仅活化了自然中的事物，而且使学生体验到了大自然的乐趣。人与自然的沟通、人与自然的结合、人性的真诚表达，这不正体现了语文教育的人文性吗？

【课例解读】

《语文课程标准》明确指出："语文是最重要的交际工具，是人类文化的重要组成部分。工具性与人文性的统一，是语文课程的基本特点。"离开人文性，语文教育将褪去生命的色彩，丧失人性的魅力，枯竭生活的源泉，毁灭艺术的创造。一名好的语文老师，他在学生面前，就像一本让学生读千遍万遍也不厌倦的书。他美的语言会像蜜一样黏住一切的东西，吸引着学生。他能够引领着学生去感受语言文字背后的情感，去感受文章背后的美好，去感受人与人之间的真诚，去领悟大自然的美好。朦朦胧胧中，他用语文老师的魅力，点亮了孩子的心灯，让孩子们拥有光辉而自信的人生。

由此，特给语文老师们提出如下建议：

首先，教材是学生阅读的文本，教师要改变过去那种"以本为本"的教学思想，研究教材的价值，创造性地使用教材。教材所反映的文化是多元的，教师要注意把那些反映时代精神、先进的科学理念，关注社会、自然、生命等方面有价值的问题挖掘出来。但这并不意味着强加给学生，还要尊重学生的主体意识，让学生自主感受，从而构建具有生命力和创造力的教学课堂。

其次，《语文课程标准》指出："语文教师应高度重视课程资源的开发和利用，创造性地开展各类活动，增强学生在各种场合学语文、用语文的意识，多方面提高学生的语文能力。""应创造性地理解和使用教材，积极开发课程资源，灵活运用多种教学策略，引导学生在实践中学会语文。"这些规定都说明了课程资源的重要性。教师要善于挖掘教材的空间，选准联系点、切入点，向课外延伸，让学生在广阔的语文环境中，吸纳优秀文化，陶冶思想情操。

再次，文本的意义是学生在阅读过程中自行发现、自行建构起来的，要让学生自己阅读并学会阅读。由于学生的生活经验、思维品质、个性气质不一样，所以，对阅读内容的反应也是多元的，富有个性的，教师必须尊重学生的差异，不要整齐划一，学生想怎么表达就怎么表达。如对某一内容的体验，可以读一读、画一画、说一说、演一演、唱一唱等，这样的阅读教学才是具有人文教育意义的教学。

最后，语文是一门思想性很强的学科，教材的内容都富有思想性，为我们提供了许多金色的种子。我们语文教师犹如一个播种者，一个耕耘者，应该在儿童的心田里及早撒下闪烁着光辉的种子，让它们开放出美好之花，结出丰硕的行为之果。

让生命在课堂上跃动

康铭志

近些年来，每每发生学生自杀、伤人事件，各种报道、讨论一次次将教育推上风口浪尖，声讨教育的缺失。痛定思痛，在人们的思考、呼吁中，“生命化教育”成为教育人士研究的新课题。在这个背景下，语文教师又应该做些什么呢？

课改以来，语文教材中增添了一篇篇文质兼美的文章。俗话说“文以载道”，语文学科的性质就决定了教师要在教学中有意识地渗透生命教育，注重对学生及其生命的关怀。这样，不仅能使学生在学习祖国语言文字的同时，增强生命意识、陶冶情操；同时，也能增加语文教学的内涵，还语文课以生命的绿色。

【新课案之课例】

案例一：窦桂梅老师的精品课——《朋友》。

师：同学在谈感受的过程中，我发现你们谈的句子里面都隐藏着“但”这个字，好，我们再把这段话找出来读一下。（生读含“但”的三句话）

师：在什么情况下会用“但”这个字？

生：转折的时候。

生：上面的意思就是没有人肯为朋友坐牢，但是达蒙真心为皮斯阿司坐牢，强调了他是世上独一无二的一个人。

师：对，当文章的上面的意思和下面的意思完全相反的时候我们才用“但”，像这样的句式我们着重强调的是——

生：后半部分。

师：那好，下面我们就重点研究研究这几个句子。联系上文，请你进一步谈谈自己对第一个有“但”的句子的理解。（句子：但，茫茫人海，就有一个不怕死，而且真的愿意替别人坐牢，他就是皮斯阿司的朋友——达蒙。）

生：这句话上面用了一个“但”字，证明为了朋友会去做很多意想不到的事，就从这件事来说，想回家看看母亲，但是没有人为他坐牢，就是这个朋友真的为他坐牢。

师：所以你想突出这个意思。带着你的体会读读吧。

（指导学生深情地朗读出不同的个人体验。）

……

师：现在，我们进行一个“实话实说”的节目。如果你们碰到了这件事，你们会不会替他去坐牢？请实话实说。（学生们议论纷纷）

生：我会去，因为朋友之间的友谊是珍贵的，因为他是一个讲信用的人，所以我会去。

生：我会去，如果我被砍头了，我就会千古留名，人生在世，就是为了千古留名，留的是为朋友而死的名，就精彩了。

师：别坐下，请注意黑板上有一句——“有福同享，有难同当”，那么，假如皮斯阿司做的事情不对，你也去帮助他吗？

生：不一定，我要看他做的是什么事。因为他是无辜被打入死牢的，我应该帮助他。

师：很好，你注意了课文中的“无辜”一词，这就对朋友的理解深刻了。现在流行什么“为朋友两肋插刀”啊，“够哥们义气”啊，对待这句话，我们应该有一双慧眼，分辨出是什么是正确的，什么是不对的，朋友有错误，就应该教育他，而不是纵容他。

生：我是达蒙的话，我就不去，因为我的生命也很重要，来到世界上只有一次啊。

师：你也知道生命只有一次，可以理解。

生：我会去的，我信皮斯阿司，我知道他一定会来的。

生：如果我是达蒙，我就不去，因为我还没有做出一番事业就死去了。况且死了，我妈谁管呢，今后也不能孝敬父母了。

生：我可以这样做，既可以不去替死，还可以帮助他照顾老母亲，这不是两全其美吗？

师：同学们哪，你们刚才所说的去或不去，其实这就是达蒙复杂的思想斗争啊，他会不懂自己的生命只有一次吗？

生：懂。

师：他会不懂自己的母亲也需要孝敬？

生：懂。

师：他了解不了解自己的朋友是无辜被处死的？

生：了解。

师：那么，达蒙为什么做出这个决定，他最终心里是怎么想的，才作出这样的决定的？（出示延伸句让学生补白：但，茫茫人海，就有一个不怕死，而且真的愿意替别人坐牢，他就是皮斯阿司的朋友

——达蒙。他心里想 ________。)

……

师：好，同学们，你就是达蒙，就心怀这样的想法、这样的决定，读读这句话，把你的心里话传达给大家。

课例中，窦老师从“但”字入手，引导学生在品词析句中初步认识到就是达蒙这个朋友真的为皮斯阿司坐牢，然后引导学生带着不同的个人体验去朗读，从而感悟到达蒙的勇气、果敢、真诚；最后“实话实说”，如果你们碰到了这件事，你们是否会替他去坐牢。在转换角色，设身处地地思考交流过后，学生自然而然地树立起对朋友、对生命的正确认识。在朗读揣悟的过程中，窦老师没有分析、没有说教，她牵引着学生的灵魂沉浮于字里行间，让心灵在墨韵书香中获得对生命的感悟。

案例二：全国特级教师孙建锋观摩课《做一片美丽的叶子》。

师：现在，请你们自由交流自己的阅读感受，孙老师愿意聆听你们的声音，分享你们的喜悦！

……

生：读了“每一片叶子形态各异——你找不到两片相同的叶子。”这句话，我很受启发：同一棵树上找不到两片相同的叶子，同一个班级找不到相同的学生。

生：“枝头的每一片叶子都很美”，我们每一个人也都很美。

生：“春天的时候，叶子嫩绿；夏天的时候，叶子肥美；秋叶变黄；冬日飘零——回归大树地下的根。”读了这句话，我想到了人的一生也有“四季”：我，就像春天的叶子，嫩嫩的；爸爸就像夏天的叶子，壮壮的；爷爷就像秋天的叶子，黄黄的……

师：说得真是太好了！

生：由“回归大树地下的根”这句话，我想到“落‘叶’不是无情物，化作春泥更护‘树’”。

师：噢，你为什么会想到这句话？这是不是哪一句古诗改装过来的？

生：是的，因为我曾经背诵过“落花不是无情物，化作春泥更护花”。我觉得，不管是“护花”还是“护树”，道理都是一样的！

师：这就叫活学活用！孙老师送给你一片枫叶，这片枫叶是我从北京香山上摘来的！（该生双手接过叶子，连声称谢）

生：中国是一棵大树，把56个民族结为一个整体，每一个民族在中国都有自己的位置。地球也是一棵大树，把每一个国家结为一个整体，每一个国家在地球上也都有自己的位置。

师：好！你真是“先天下之忧而忧”，把书本与现实结合起来了，这叫活读书！大家掌声鼓励！

师：（总结）叶美，因为有树；树美，因为有叶。如果每一片叶子都很美，那么，这棵大树一定美；如果每一个同学都很美，那么，这个班级一定美；如果每一个人都很棒，那么，这个民族一定有希望！

课例中，孙老师在引导学生与文本对话交流中，在借助自己的经历谈阅读感受中读出文字背后的内容。从文中“每一片叶子形态各异——你找不到两片相同的叶子”想到同一棵树上找不到两片相同的叶子，同一个班级找不到相同的学生。继而想到每一个省份在中国都有自己的位置，每一个国家在地球上也都有自己的位置。再联系到生活实际，如果每一个同学都很美，那么，这个班级一定美；如果每一个人都很棒，那么，这个民族一定有希望！可以说，静止不动的文字符号已经变成了充满活力、充满激情的人生体验，学生潜移默化地受到情感熏陶和生命教育。

【课例解读】

华东师大的叶澜教授曾给教育下过这样一个定义：“教育是直面人的生命，通过人的生命，为了人的生命质量的提高而进行的社会活动。”而我们所期待的生命化教育，就是把对学生的理解、关爱、信任、成全，在具体的教育过程中体现出来。语文课堂上的生命化教育绝不是生硬的灌输说教，更不是“荒自己的田，种他人的苗”，而是要找到工具性与人文性的共振点，采用多种形式感悟语言、积累语言、学习运用语言，在不断的语文实践中培植学生的情感，为他们的精神世界打地基。在进行生命化教育的过程中要注意以下几点。

1. 暗示。苏霍姆林斯基指出：“任何一种教育现象，孩子在其中越少感觉到教育者的意图，它的教育效果就越大。”因此，在语文学科进行生命化教育的过程中，不能采用思想教育中的警示与训诫，而要采用调动无意识的有效手段——暗示。教师可以抓住文中特殊的标点符号、重点的词语、含义深刻的句子，引领学生在品词析句的过程中，理解、体会文章中所蕴含的思想感情，从中受到熏陶；还可以在课堂评价中通过暗示，潜移默化地进入“润物细无声”的教学境界。

2. 感悟。生命化教育仅靠外部条件的暗示还是不够的，还要依靠学生的内心感悟。而这种感悟，要通过让学生潜心读书，自己咀嚼语言文字的滋味，品味其中的感情才能实现。朗读有助于更加真切地感受作品，领略作品的精妙之处，有助于因声解义、以声传情。教师要引导学生把自己当作课文中的人物去感觉、去体验、去思考，从而使他们受到情感和美的熏陶。

3. 体验。学生内心的感受、亲历的体验是他人无法替代的。在泳池中才能学会游泳，在不断的语文实践体验中才能培养学生的语文素养和健康阳光的人生态度。教师可以通过故事会等形式，在把精神财富和语言知识传承给学生的同时，陶冶其情操，启迪其心灵；也可以通过“心灵日记”、习作等形式，把语文实践和创造与个人体验的融合，最终内化为学生对人生、对生命的思考。

其实，在上面两个课例中，我们都可以看到教师正是在引领学生品词析句、朗读体验、感悟表达等一系列的语文实践活动中，在教师、学生、文本的对话中，悄然滋润了学生的心田，实现了学生的自我教育、自我提升。暗示中有感悟、体验，感悟中有体验、熏陶，它们让课堂充满了生机、充满了智慧。

魏书生说过："回顾我的语文教学走过的路，最为成功的感受就是'语文是育人'的。学语文，学习的是学习的方法、学习的习惯，是读书的智慧、做人的智慧。"我们只有认识到这点，语文教学才能真正地做到"直面人的生命"，让生命在语文课堂上跃动。

对话，体现人文关怀的载体

何　萍

《语文课程标准》中明确指出："阅读教学是学生、文本、教师之间的对话过程。"教学是一种"沟通"与"合作"的过程，阅读教学是为了提高学生的语文素养。学生、文本、教师之间的对话，是指教师、学生、文本之间的一种心灵上的碰撞，通过对话，使三者之间产生共鸣。

【新课案之课例】

片段一：

师：请同学们带着这个问题再次默读课文，边读边思考。

（生独立学习，自主感悟；师巡视，听取个别同学的理解。）

思考好后，和你的小组成员交流一下自己的看法吧。

（小组合作。在巡视的过程中发现有学生没能联系课文内容理解，但在小组成员的帮助下，对两次"愣"有了新的理解。）

师：在刚才的合作中，老师看到不少同学，由于组内意见不统一，就想方设法地从课文中找依据去说服对方，这真是一个好办法。

下面，就让我们一起交流一下将军为什么“愣了一下”。

生：因为将军听到警卫员说“前面有人冻死了”，他没有想到会这样，所以“愣了一下”。

师：你很会联系上文思考问题，从哪儿体会到的，读出来。

生：我是从这儿体会的，“‘前面有人冻死了。’警卫员跑回来告诉他。”

师：就是这儿。但将军先前真的没想到会有人冻死吗？再往前找找。

（生浏览前文）

生：老师，我找到了。将军先前一直在担心着，他怕有人冻死了。我是从第二自然段读懂的。

师：将军先前在担心什么？请你读出来。

（生读出第二自然段）

师：你一下子就抓住了关键。一直担心着的事情真的发生了，他“愣了一下”，着急地“朝前走去”，想去看看情况。可后来，为什么又“愣住了”？

［CAI 出示第十二自然段，点红“愣住”］

生：我知道。因为将军被军需处长舍己为人的精神品质打动了，当听到别人说时，出乎他的意料，所以“愣住了”。

师：将军先前知道他就是军需处长吗？

生：不知道。

师：你是从哪儿知道的？

生：我是从第八自然段将军说的话知道的。将军说“把军需处长给我叫来！为什么不给他发棉衣？”

师：你注意到了前面的细节，真细心。同学们，请你们自由地读读八至十自然段，想想将军当时的情绪是怎样的？你是从哪儿体会到的？

（生自由读八至十自然段并体会）

生：我体会到当时将军非常愤怒。是从这儿体会到的——“将军的脸色顿时严峻起来，嘴角边的肌肉抽动着。”

师：“脸色顿时严峻起来”是什么样子？

生：将军的脸很严肃，让人看了害怕。

师：是的。当将军看到这位只穿着单薄破旧的衣服的老战士被冻僵了，他的脸色严峻了。忽然，他向身边的人吼道——请你吼出将军的话！

（生大声喊出将军的话）

师：你的声音非常洪亮，但是没有表达出将军的愤怒。谁愿意吼出将军的愤怒？

（生吼，表达出了愤怒）

师：还从哪儿体会出将军的愤怒？

生：还从将军的神态。“他红着眼睛，像头发怒的豹子，样子十分可怕。”他的样子让人心生畏惧，说明他在愤怒。还有“将军两腮的肌肉抖动着”，先前他脸上的肌肉只是抽动，现在却是“抖动”了，说明他已经愤怒到极点了。

师：你真会揣摩人物的内心。也许这时他正在努力控制自己的怒火呢。

周围一片沉寂，只听见狂风呼啸的声音。没有人回答将军的话，也没有人走开。此时，将军气极了，他脸上的肌肉抖动着，继续吼道——谁来吼？

（生读：“听见没有，警卫员？叫军需处长跑步过来！”）

师：将军的愤怒没有爆发出来。谁再来？

（生吼）

师：（停顿五秒，与先前形成对比）这时候，有人小声告诉将军（生不由和师一起说）：“他——就是军需处长……”

听了这话，将军愣住了，久久地站在雪地里，他在想些什么呢？

［CAI 上点红“久久”］

生：将军想：他就是军需处长？太意外了！

生：将军想：我还未了解情况，就先发火，错怪了军需处长，真惭愧。

生：多好的战士呀！为了保证战士们有棉衣穿，把自己的棉衣也让出去了！

生：将军想：军需处长真了不起，我们红军部队有这样舍己为人的战士，真值得骄傲和自豪。

……

反思：抓住将军对队伍态度的变化：开始担心，能否经受住这样严峻的考验；后来坚信，胜利属于这样的队伍，以及在见到军需处长前后神情的变化（听说，一愣；见到，发怒；知道，愣住），指导学生从文入情。这样首尾照应、前后贯通、综合思考，领悟变化的原因。还采取展开想象的方法，让学生想想说说，让他们设身处地体会将军丰富的内心世界，产生心灵的共鸣，认识到间接描写突出了军需处长的品质。

片段二：

师：通过体会将军的一系列神态变化，舍己为人的军需处长的形象跃然纸上。这座“晶莹的丰碑”不仅仅立在了云中山，立在了将军心中，它还立在了什么人的心里？请大家浏览课文，想一想。

（生浏览课文）

生：这座丰碑还立在了战士们的心里。我是从最后一段体会到的。（读第十四自然段）

师：主要是从什么地方体会到的？

生：是他听见无数沉重而坚定的脚步声。“坚定”是因为军需处长的精神鼓舞了战士们，所以他们的脚步“沉重而坚定”。

师：“沉重”可能是因为长途跋涉，脚步沉重；也可能是因为战士们失去了这样一位好战友，这样一位愿意为了别人而自己不穿棉衣的好军需处长，他们伤心、难过。“坚定”是因为战士们受到军需处长精神的鼓舞，对革命道路充满了信心，坚定了他们勇往直前的信念。

当战士们穿着军需处长亲手发的棉衣走过这座“晶莹的丰碑”时，可能会想到什么呢？

[CAI出示插图]

生：战士们走过这座晶莹的丰碑的时候，十分难过——多好的老人呀！你是为了让我们不挨冻才牺牲的！

生：战士穿着军需处长发的最后一件棉衣走过时，心中肯定想到：军需处长，你将棉衣发给了我，自己却穿着单薄破旧的衣服，被活活地冻死了，我谢谢你。我一定会完成你的遗志，走出雪山，坚持革命的，请你放心！

生：红军战士一定会个个捏紧拳头表示决心——一定要继承军需处长的遗志，将革命进行到底！

……

反思：想象是一种可贵的发散思维能力，就此学此是一种感知、认知的初级阶段的学习，当然，这种学习也是能有所得的。然而，想象的发挥是由此及彼，在“此”以外的深层次发掘。要想得自然、流畅、合情合理，就必须做到对“此”的充分理解，由“此”生发开来，想象到“彼”，这个过程是学习的又一个层次，会获得事半功倍的效果。但是，启发学生想象要找到合适的“发散点”，给学生以广阔的想象空间。启而得法，学生想象的翅膀自会展开，否则便会出现启而不发、唤而不应的情况。因为不是任何事物的任何一点都能激发出人的想象的。课文中对于战士们的描写极少，如何让学生能体会战士们也受到“丰碑”的影响呢？这正是一处空白，学生在这展开想象，联系前文，能够深切体会战士们的心情——他们已经受到鼓舞，坚定了革命必胜的信念。同时，这也使学生的思维得到训练。

【课例解读】

“体现人文关怀”是新课程的核心理念，新理念下的课堂应成为关注人、关注生命力的过程。这节课中，我努力使教师和学生成为和谐互动的“学习共同体”。

1. 让阅读过程成为对话过程

在《丰碑》一课教学中，我以对话作为体现人文关怀的载体，有效地挖掘了课文的人文内涵，引导学生自主、合作、探究性地学习。教师在师生之间搭建一个平台，使学生能在课堂上尽情释放个性，尽情袒露心声。同时，引导学生与文本对话，在对话中感受、体验。引导学生与文本对话，一是以读代讲，体现“以读为本”的原则，例如在学生体会将军的神态变化过程中将军发怒的环节，学生在自读自悟后，简单地说出自己的看法（主要是通过感情朗读将军吼的话来加深感受）。二是让学生充分发挥想象力，与文本中的人物对话，进行精神的交流、心灵上的碰撞。如课中有两次展开想象的环节，通过联系上下文，揣摩将军和战士们心中的想法，从而使军需处长的形象更丰满，“丰碑”显得更高大。

2. 宽容民主促“说”。要让学生“说”起来，教师首先要转变角色

教师可以是“组织者、参与者、帮助者、促进者”，但决不能成为课堂上的“演说者”。特级教师魏书生曾说：“教师不替学生说学生能说的话……学生能讲明的知识尽可能让学生讲。”只有放开手来，学生才敢说、会说，才能真正与教师形成平等的关系。

3. 激情评价，让学生在成功中享受

在激励学生方面，要坚持“激励、赏识、参与、期待”的方法，尊重学生的个人体验、感受，不以简单的“好”和“坏”来评价。在鼓励的话语中，要加入适当的引导，多赏识、多期待，做到恰如其分，会好上加好。学生由于从多角度想象，所以当读将军敬礼的

描写时，学生能够体会出将军内心是有悲痛、愧疚、感动、崇敬等多种情感的，并通过个性化的朗读表现出来。因此，我们应更加投入地赏识，让孩子感受到愉悦，感受到爱，感受到学习语文是一种美妙的享受！

教育本身就意味着：一棵树摇动另一棵树，一朵云推动另一朵云，一个灵魂呼唤另一个灵魂。如果一种教育未能触及人的灵魂，未能引起人的灵魂深处的“变革”，它就不成其为教育。我认为，在学习语言的同时，把学生的灵魂牵引到至善、至美、至高境界的语文教学，应当是我们追求的目标。

从学生的需要设置冲突

彭　峰

语文教学，是引导学生从他自己心中“发展”出真正的语文素养的过程。优秀的语文教学应该能符合伦理地、巧妙地，最好以语文的方式、以激发学生的内部动机为主，促进学生自己思维、自己创造、自己体悟、自己运用语言，最终建构自己的情感、思想和语言。这个理念，基本得到了语文教师的认同，但还没有转化为语文教学实践层面的成熟“演绎”。

因为，从理念到行为的转化，需要的不仅是对理念的深刻理解，更需要的是找到较为有效的“抓手”。我认为学生的需要就是有效“抓手”之一。动机理论告诉我们，只有学生内心需要的学习才可能是高效的。从语文教学的角度来看，只有不断策划“唤醒、满足与转化”学生内心需要的语文活动，即从学生的需要出发来策划和展开语文活动，才会扎实、活泼地帮助学生建构他们自己的情感、思想和语言。

那么如何从学生的需要出发设置冲突呢？

【新课案之课例】

无疑，了解并理解学生们的需要是首先要着力解决的。我最近请我所有的学生写了一篇作文，题目是《我的语文老师》，要求是通过具体的事情来写。有很多孩子都写到了一件事，其中一位是这样来写的：

有一次语文课上，小宇在黑板上写“承”字，结果将中间三横写成了两横。于是彭老师问他：“小宇，你肚子饿了吧？”

小宇不解地看着老师，说：“没有啊！”

老师又看着他问：“那么你怎么吃了一根‘排骨’呢？”

“排骨？什么排骨？我没有吃呀。”小宇小声辩解。

“那，你好好看看”，老师指着小宇写的那个错字，说：“那你怎么将‘承’身上的‘排骨’吃得只剩下两根了？”

他看了看，“哦”的一声，终于恍然大悟。

我统计了一下，全班48人有18人次写到这个事例，有15人次写到我教学写“芬”字偏旁针对学生将草字头写得太大进行教学的那件事，还有47人次写了关于老师的爱心的事例。

后来，我采访这些学生，问他们对这两件事情印象深刻的原因。他们有的说因为这样教很好玩；有的说能很快乐地学到知识；有的说很新鲜——这样的教学方法还是第一次遇到；有的说老师很亲切温和；这样学到的知识记得深刻牢固；用生活中的事情来讲语文知识，很形象；不知不觉就掌握了东西。

我的理解是，学生需要的教学活动应该具有这样几个特征：①教师语言、神态幽默；②教法新鲜好玩；③师生关系平等；④联系生活来讲解。

根据这个调查我们可以知道学生需要怎样的目标以及怎样的目标呈现方式。那么，如果根据活动的其他要素——“教学活动方法、教学活动组织、教学活动内容、教学活动评价、教学活动环境”，来分类设计问题进行调查，那么就能比较清楚地了解学生的需要了。这样一来我们在策划教学活动时，就有“需”可依了。

上面简单地介绍我了解孩子的需要的两个活动设计：作文与访谈；问卷调查与理论分析。“条条道路通罗马”，相信这两个并不很全面，也未必非常科学，但是这两个活动设计，让我真切地明白了孩子们的一些基本需要：

1. 做有趣和具有挑战性的事情。

2. 能做出选择，并学会如何选择。

3. 有机会掌握实现一个梦想所必需的技能，从而肯定自己和文化独立性。

4. 有一种无条件的爱，如一直得到某人的支持。

5. 有对他人的生活产生影响的机会。

那么，如何在教学中满足和激发学生这些基本需要呢？

【课例解读】

学生有许多基本需要，按照马斯洛的“需要层次论”来分一下，可以分为五个层次。从中可以看出学生的需要是“多层”、“多样”的，这势必要求在策划教学活动时考虑学生的诸多需要。因此，整节课的活动安排必须注意对多种需要的“整合”关注。但是其中的小活动可以重点满足与激发某一种需要。

“教学是挑起矛盾冲突的艺术”，设置冲突对于激发学生内在“挑战性”需要起着不可替代的作用。

1. 利用文章所写景点与地区著名景点的“不统一”引发冲突

我说：“从今天开始我们将走进祖国的大好河山，第一站就是——鼎湖山。”我板书“鼎湖山”。接着又说：“鼎湖山的风景区群峰竞秀，古木参天，最著名的去处有两个，一个是古刹，一个是飞瀑。”我板书古刹、飞瀑。

“这两个是鼎湖山最著名的，可是作者写的却是鼎湖山听泉。你有什么想问作者的吗?”我将课题补充完整。

有学生问:“我想问,您为什么不写古刹与飞瀑,而要写听泉呢?”大多数学生也有这样的疑问。

然后,我在大家疑惑之时,请同学们思考:“那泉水,尤其是泉音一定很特别。那么,就请同学们一起朗读课文,要读准确,找出那些描写泉声的词句,画下来,并多读两遍。”

2. 利用文章前后语言的“矛盾”引发冲突

如孙双金老师上《二泉映月》时,他通过让学生找到写“听”的句子,然后在读的过程中,引导学生发现了文本中的一个“冲突”:一个中秋之夜,小阿炳随父亲来到二泉边赏月,父亲问他听到什么,他说除了水声什么也没有听到。父亲说:你还小,等你长大了,你就能听到许多奇妙的声音。阿炳长大之后,眼睛瞎了,又是一个中秋之夜,来到二泉边,却只听到了叹息、哭泣、倾诉、呐喊,唯独没有听到奇妙的声音。

3. 利用文字与文本的意义之“不和”引发冲突

在教学《普罗米修斯盗火》导入的时候,一位老师是这样做的:他先请同学说说普罗米修斯是个怎样的神,从而唤醒孩子对普罗米修斯的美好印象,接着他请同学说说关于“盗”这个字的印象,进而,他又用课件演示甲骨文“盗”字,并进行解说:“这是口水,这是流口水的那个人,口水流得极多以至于要用一条小船来载。你估计这是说什么?”孩子们的回答是:“这就是说那个人非常想要一件东西,因此流了很多口水,这说明那个人非常贪心。”最后请孩子们说说由“盗”想到了哪些词,追问对“盗”字印象如何?孩子们自然说印象很不好。

以上三法,都是以语文的方式来设置冲突的,并且基于文本本身,这样的活动策划比较便捷,同时也充满着“语文”的韵味。当然,必要时还可以引进其他相关的文本进行冲突的设置,以充分为激发学生思考提供服务。

掌握文本的写作引领

高子阳

《月光启蒙》是苏教版国标本五年级下册第 5 单元的课文，教学的时间在五月份。五月份、六月份分别有母亲节、父亲节，而在这两个节日，人们总要对父母表示一下感恩。在教学准备中，我一直以感恩的思维解读着，发现“写作，是非常有价值的感恩方式”！我运用这一观点进行教学，学生不仅深刻理解了课文内容，而且最重要的是通过这篇课文的学习，又从一个新角度认识了“人为什么要写作”，如何以一颗感恩的心终身热爱写作。

【新课案之课例】

片段一：对话，送给父母礼物。

师：同学们，母亲节、父亲节快要到了，你给母亲、父亲准备了哪些礼物？

生：我要用压岁钱给妈妈买一件衣服。

生：我要用压岁钱给妈妈买一支口红，让妈妈更漂亮、更年轻。

生：我要用压岁钱给爸爸买盒“脑白金”。

生：我要用压岁钱请妈妈、爸爸吃一顿。

……

[没有想到，第一位同学使用压岁钱，一下子打破了静静的课堂，同学们争着说如何在这两个节日中使用自己的压岁钱]

师：请同学们继续想，还可以准备哪些礼物？

生：我爸爸好抽烟，我得想办法让他从今年的父亲节开始戒烟。

生：我给妈妈做了一个贺卡，感恩妈妈，祝妈妈永远漂亮。

生：母亲节、父亲节都是周末，我让妈妈、爸爸晚起，我去买菜，我来做饭，我来打扫，让他们好好休息。

生：我爸爸非常辛苦，我跟爸爸到公司去，如果他累了，我就给他捶背。

……

片段二：倾听，理解基本内容。

师：在母亲节、父亲节即将到来之际，我想读一篇文章给大家听一听，同学们不要看书，你就静静地听。题目叫《月光母亲》(师认真板书课题)。

师：我开始读孙友田的原作

[为什么要让学生倾听孙友田的原作？为什么这么早地安排学生不看课文先倾听？一是从孙友田的原作中可以清楚地发现，是因为母亲得了老年痴呆症——不认识作者了，不会说了，只会笑了，是这种心痛刺激了作家，促使作家写下了这篇感人的文章。而从课文中看不出来这个原因。二是日本著名作家松居直说，孩子在三岁的时候，大声读书给孩子听，孩子就能明白四分之三的内容，比孩子单独看要知道得多。大量的实验表明，小学生先倾听比先看更利于对整篇内容的理解与掌握。三是读佐藤学《静悄悄的革命》反思阅读教学中读的训练——多是老师范读学生边听边看边想、学生自读自想、一生读其余学生边看边听边想，但就是缺少只听只想整块倾听能力的培养。]

师：听完之后，你记住了哪些事？

生：作家的母亲得了老年痴呆症，不会说，不认识作家孙友田了，只会笑。

生：作家看到母亲，想到了自己的童年，虽然母亲不识字，却是他的启蒙老师。

生：那些歌谣、童谣真有意思。

生：嫦娥奔月、牛郎织女两个神话故事我早就知道了，但那些歌谣我从来没有听说过。

生：那个猜花生的字谜，在上小学前我就在书中看过。

师：不识字，怎么做老师？从哪些方面可以看出母亲是一位非常棒的老师？

生：教我背歌谣。

生：给我讲故事。

生：教我背童谣。

生：还有猜谜语。

生：启发作者，让作者飞向了诗歌的海洋。

……

[学生所说的这些内容，是仅仅听完一遍的回答。事实上，把这篇文章读给一二年级的学生听，一二年级的学生也能说出类似的内容。]

片段三：初读，提出难解问题。

师：下面请同学们翻开课本，读读课文——《月光启蒙》（板书课题），读完后，把自己发现的问题说一说。

[学生自读课文后提出若干问题]

生：我发现课文与孙友田原来的文章不一样，改动很大。

师：你觉得，主要内容变没变？

生：主要内容没有变，就是没有告诉我们这篇文章是作家在母亲生病之后写的。

生：母亲不识字，背这些歌谣、故事、童谣、谜语怎么会启迪“我”的想象？

师：你这个问题提得好，等一会儿，我们来一一研究这些歌谣、故事、童谣、谜语，看看能不能启迪我们的想象力？

生：小时候，妈妈也教我背好多歌谣、童谣，小学一二年级也背过许多，我怎么就没有作者所说的想象力呢？

师：作者到长大后才发现自己的想象力来自于母亲所教的歌谣、

童谣，学完这篇课文后，你肯定会突然发现自己有了想象力。

生：课文第四段写妈妈的吟唱，为什么作家说“小院立即飘满了她那芳香的音韵”？音韵怎么能是芳香的？

生：“暑热散去了，月亮升起来了，柔和的月色立即洒满了我们的篱笆小院。这是孩子眼里最美的时辰。”我怎么没有感到这是最美的时辰呢？

师：哈哈，可能与你居住在城市里有关，可能与你晚上都泡在电视机前有关。

生：黄河留给家乡的故道不长五谷，却长歌谣。什么是故道？这两个“长”是什么意思？

生：什么是诗歌的王国？

生：孙友田原来的文章题目是《月光母亲》，编者给改成了《月光启蒙》，为什么要这样改？

师：你们学完课文后，可以比较比较这两个题目，一个是作者自己写的题目，一个是教材编辑起的题目，看看两个题目有什么区别，哪个更好。

……

师：这些问题，提得非常好。同学们仅仅听了一遍，读了一遍，就提出了这么多的问题。而这些问题怎么解答呢？方法非常简单，回到课文中去读、思，全面理解字词句段篇，弄清楚文章中所有人的智慧。另外，我有几个问题请同学在阅读中一并解决：

1. 孙友田写完这篇文章，会读给母亲听吗？其实读了，母亲也听不懂了，那为什么还要写这篇文章呢？这篇文章的读者是谁呢？

2. 如果孙友田没有写下这篇文章，知道孙友田母亲的人，大概有哪些人？随着这位老人的离世，要不了多少年，这位普通的母亲就会被人遗忘（包括孙友田的子孙后代），我的这一观点对吗？有了这篇文章之后，不仅孙友田一家忘不了，结果还让世界上数以亿计的多少代人记住了，这是为什么？

3. 把自己的母亲与作家孙友田的母亲做对比，你觉得自己的母亲是否值得写一写呢？

片段四：作业，为了真正感恩。

师：（作业1）一年给父母亲各写一篇文章，在母亲节、父亲节那天分别交给他们。有件非常有意思的事想告诉大家，我看过几百本世界经典儿童文学作品，还没有发现哪位作家利用十年、二十年、三十年如此写过自己的母亲、父亲。多么希望大家坚持十年、二十年、三十年，每年写一篇，只要你坚持写了，这本书一定会成为世界名著。从今年起，高老师也写。三十年后，你们四十岁左右，我七十岁左右，到时我们一起来验证。

师：（作业2）收集整理几首自己背诵过的童谣、民歌、谜语，分析分析这些童谣、民歌、谜语能否让今天的你不再混沌。

【课例解读】

在片段一中，学生的感恩方式是人们通常使用的感恩方式，连五年级的小孩子都知道送给父母衣服、营养品，打个电话或者与父母共同吃顿饭。但，50位同学没有一个人想到除了送上礼物，还要附上一篇记录这一年父母对自己爱的文章，以表示感恩。

对于五年级的学生来说，文中歌谣、故事、童谣、谜语的内容非常简单，而深入地思考，特别是自己多遍通读全文之后，就能够发现这些好玩、有趣的内容，真有着神奇的力量，真能让人从混沌的世界中走出。

从片段三中，可以发现阅读教学中，只要我们放手，学生一定会产生很多“问题”——提出问题比解决问题更重要。而这些问题通过阅读是能够一一解决的。从培养学生思考的深度、认识的高度的角度讲，老师提出一些问题，就能指引学生“跳一跳摘到桃子”及想办法去“种植一些桃子”。

从现实角度来讲，每位同学都能完成今年的感恩父母文章。我知道明年的那两篇如果没有人提醒，大部分同学会忘记的。真正能够坚持十年以上的肯定是相当少相当少（对于这个班也许是“0”），但我坚持认为对于其他班未必就是“0”，只要有一人坚持了，就是了不起的成功，将三四十篇文章编成一本书，肯定就是一本名著。我说“世界经典儿童文学作品，从内容来看，还没有发现这样的作品”，虽然我的阅读量只有几百本，是“不完全归纳”，但我相信这是真的。

让言语学习润泽于浓浓的人文情怀中

刘小波

新课改进入到理性反思回归阶段，“真实、朴实、扎实”成为继“自主、合作、探究”之后最流行的小语界词汇，强调“工具性和人文性的和谐统一”实际上成为对“过分关注人文性，工具性被片面弱化”现象的拨乱反正，一切似乎都在朝着理性的方向回归。

然而，只要我们稍微警惕一些，就会发现，“浮躁”仍是阻碍当前语文教育教学改革步伐的隐患：语言文字训练开始重新找回自信，人文性却又不得不低头潜行；公开课上，花里胡哨的招数有所收敛，但过分理性的课堂却让学生捧着温情脉脉的文本心如止水……

【新课案之课例】

在语文教学实践中，我渴望这样的课堂阅读状态：师生彼此安详地、柔和地、无拘无束地徜徉于由文本（宏大背景）、环境（教室的文化氛围）、学习伙伴（师与生）共同构筑的学习生态共同体之中。师生之间、生生之间互相尊重、机锋闪现、智慧流淌、耳濡目染……

这样的学习状态，这样的阅读状态，即是我思考并追逐着的语文教学理想——润泽的阅读、润泽的师生关系、润泽的课堂！

于是，有了《孔子拜师》一课的大胆构想和实践。

让学生置身于孔子思想（以《论语》语录为代表）的宏大历史背景之中，在深掘文本语言后构筑起巨大想象空间；在朗读涵咏的真实体验中，师生共同品味语言，感受孔子人格魅力，接受孔子宏大思想的熏陶。

一、简化环节，构建自主灵动的阅读教学模式，让学生与文本语言亲密接触

教学实录：复习导入，建构阅读话题

师：通过第一课时的初读课文，孔子给你留下了什么印象？

生1：孔子是个非常谦虚的人。

生2：孔子是个尊敬老师的人。

生3：我觉得他还很好学，因为他能够克服困难。

师：看来大家都有自己的感受。那课文是用怎样的语句写出孔子的这些特点的呢？请同学们自由轻声读课文，边读边勾画出能表现孔子谦虚好学、尊敬老师、不怕困难的句子。

简化教学环节是新课改进入反思阶段以来最为普遍的呼声。为了让课堂教学环节更简洁一些，教师必须深入解读文本，找到文本的文眼，从文眼入手，设置统领性的问题，导学全文。本课中，孔子的品行即是课文的文眼。为此，我从学生的学习前结构（已有知识）入手，提出“课文是用怎样的语句写出孔子的这些特点的呢”这一具有统领性的问题，引导学生读书、圈点勾画、思考交流，使整节课的教学环节简洁、流畅，教学目标得到了很好的落实。

二、精选《论语》语录，整合文本语言，让学生润泽在孔子思想的文化底蕴中

教学实录一：复习导入，建构阅读话题

师：孩子们，今天有这么多领导和老师来咱们班听课，你们的

心情怎样?

生：高兴!

生：兴奋!

师：这让我想起了孔子说过的一句名言（屏幕出示，学生齐读）：“有朋自远方来，不亦乐乎。”希望你们能用积极认真的学习状态来欢迎所有听课的老师。好吗?

这节课，我们继续学习第17课——《孔子拜师》（生齐读）。孔子曾经说过：温故而知新。看看屏幕上的这些生字词，还会读吗?

（课件出示生词，学生开火车读词）

教学实录二：拓展延伸，感悟孔子思想

师：孔子一生勤奋好学，他认为：学而时习之，不亦说乎？指出学习要“温故而知新”，他谦虚好问，经常告诫他的门徒：三人行，必有我师焉。正因为如此，他最终成为一代大思想家、大教育家。今年，孔子已经“2558周岁”了，世界各地的华人纷纷举行祭孔大会缅怀这位至圣先师。让我们站起来，大声朗诵孔子的这些名言，感受孔子思想的博大精深，以此来结束今天的学习。（出示课件）

生（齐声朗读）：温故而知新。三人行，必有我师焉。学而时习之，不亦说乎。知之为知之，不知为不知，是知也。

课始我即以孔子名言导入，课中多次穿插孔子名言，课末又以孔子名言结课，前后呼应，浑然一体，学生整节课均浸润在孔子深厚的思想文化氛围中。阅读，不再只是单纯的课文言语的分析讲解，还被深深根植于祖国文化背景的宏大时空之中。我以为，这样的阅读，便是润泽的阅读；这样的课堂，方是工具性与人文性和谐统一的课堂。

三、精选学习内容，突出词句品味，在细节雕琢中丰盈课的语文味

教学实录：品味研读，感受孔子品行

（出示句子：曲阜到洛阳相距上千里，孔子风餐露宿，日夜兼程，几个月后，终于走到了洛阳。）

师：用心读读这句话，看哪些词一下子跳入你的眼帘？用小圆点画下来。

生：风餐露宿、日夜兼程。

师（板书词语）：“风餐露宿”和“日夜兼程”是什么意思？

生1：“风餐露宿”的意思是在风雨中吃饭睡觉。

生2：“日夜兼程”的意思是不分白天黑夜赶路。

师：这是字面上的意思。现在，再读读这两个词，透过这两个词，结合自己的生活经历想一想，孔子日夜兼程、风餐露宿几个月的旅途中会遇到些什么困难？可以仿照这个句式来说：（课件出示：从曲阜到洛阳，上千里路，孔子可能__________）

生1：从曲阜到洛阳，上千里路，孔子可能遇到狂风暴雨，衣服都湿透了。

生2：从曲阜到洛阳，上千里路，孔子可能遇到老虎拦路要吃他。

生3：从曲阜到洛阳，上千里路，孔子可能生病。

生4：孔子还可能错过了住店，只能在野外露宿，还可能没有吃的。

师：是呀，他可能遭遇到狂风暴雨，可能遭遇到生命危险，可能遭遇到病痛的折磨，还可能遇到只能露宿荒郊野外、忍饥挨饿的困难。但是，孔子后悔了吗？退缩了吗？从哪个词看出来的？

生（齐声）：终于。

师：是呀，“终于”这个词，表明孔子经历了千辛万苦，终于战胜了旅途的艰难。孩子，你现在就是孔子了，我想问问你——孔子，路途遥远，风餐露宿，困难重重，你不如回去吧，好吗？

生（想了想）：我不能回去，因为我要去拜师学艺。不能因为有困难就退缩。

师：真是一个求知若渴的孔子。（另抽一名学生）孔子，反正你才三十岁，就已经远近闻名、知识渊博了呀，何必还冒那么多的困难和危险去拜师呢？

生：我虽然已经很有名气了，但是老子比我更有学问，我不能满足。

师：真是一个谦虚好学的孔子。（笑声、掌声）

师（抽第三位同学）：孔子，你坚定了信心要去拜师，是吧？你去就去吧，为什么要日夜兼程，起早贪黑呢？

生：因为我想早点见到老子，好向他学习。

另一生高举着手：我知道，因为他怕老子死了。

（听课老师和学生哄堂大笑。）

师（愣了一下）：你是想说老子已经七十几岁了，孔子生怕自己来不及拜师，对吗？（生涨红着脸使劲点头）真是求知若渴的孔子呀！

孩子们，透过这两个词，我们看到了孔子的谦虚好学和为了求学不怕困难的精神。让我们带着这样的体会用心读一遍这两个词。

（生用心读）

师：看，我们抓住关键词，就体会到了孔子的品行。让我们一起用朗读来感受。

在这一环节中，我抓住最能体现孔子品行的两个词“风餐露宿”、“日夜兼程”，引导学生先理解词语的字面意思（语词本意），然后让学生结合自己的生活阅历想象这两个词后面隐藏着的种种困难，使词语的意义和学生的生活世界得以融会贯通，丰富了词语的意象。紧接着，我又进一步以“角色互换”的方式让学生完全走进孔子的内心，深入感受孔子求知若渴、谦虚上进、不怕困难的精神。至此，两个本来平凡普通的词汇因着学生的想象移情、角色体验和教师的有效点拨而变得充满生命活力，词语成了可以触摸的有温度和质感的生命体，语文味在咬文嚼字中得以彰显，学生的精神生命在品词析句中得以润泽。

值得一提的是，当学生说出：“我知道，因为他怕老子死了。”时，我只是稍微愣了一下，便顺势引导：“你是想说老子已经七十几岁了，孔子生怕自己来不及拜师，对吗？真是求知若渴的孔子呀！”，不着痕迹地将学生注意力引导至教学轨道上，既保护了学生的自尊心，又在相互尊重中实现了师生从不同角度解读文本后视野的融合。感谢阅读，是不间断的阅读让我变得视野宽广、内心宽容，是阅读让我学会倾听并逐步拥有了孜孜以求的课堂教学机智。

【课例解读】

润泽的阅读首先必须是有效的阅读，是能提高学生掌握言语规律并能自如运用语言的阅读。崔峦老师在全国第六届青年教师阅读教学观摩活动上的总结发言指出：工具性萎缩，忽视语言学习，特别是忽视体会词句的表达效果，忽视揣摩作者是怎样用语言表达思想内容的，忽视从读学写、了解文章写法，是造成阅读教学实效性不高的重要原因。因此，从语言文字（文本）入手，从工具性切入，让学生逐步感悟言语规律，也是整体设计这一统领性问题的重要出发点。

语文课必须具有语文味。语文味从何而来？突出词、句的品悟，体现语文咬文嚼字的传统特点，语文味便呼之欲出。语文味浓了，语文课就不再只是单调冷峻的环节设计，语文课也就变得丰满了。

课堂，在师生机锋交往、智慧流淌和相互尊重中变得润泽，充盈着浓浓的温情。

这样的课堂，相信会给学生生命成长带来恒久的影响。

第五辑　让大脑行走在沉思的路上

情境的核心是冲突矛盾，而“冲突”就是设置冲突矛盾的课堂行为。教师要善于挖掘文本中可能隐藏着的情境。

——彭　峰

有效的借助文本，细心的挖掘文本中可供写作的素材，就能为学生写话搭建一个模仿创造的桥梁。

——孟　彬

在字典与课文词句的探究中，浓浓的语文味道不期然就弥散开来了。词语教学的有效性，直接带来了语文课堂教学的高效。

——李翠琴

因为教师的个性不一样，每个班级的学生也是千差万别，因此，采用何种教学方法，完全可以“八仙过海，各显神通”。但不管采用何种教学方法，最终必须确保教学内容的有效落实。

——诸向阳

设置有效冲突，让课堂充满思考

彭 峰

“教学是挑起矛盾冲突的艺术”。语文课如果能设置有价值的“冲突”，巧妙呈现“冲突”，并在“冲突”呈现后引导学生进行“言语实践”，那么，这样的课堂将充满“情智”；这样的教学，将帮助学生以运用语言的能力为核心的语文素养得到提升。究竟如何设置“冲突”呢？

【新课案之课例】

透视：发现“冲突设置”的奥秘

当我们在课堂现场通过“设置冲突”来引领孩子学习语文的时候，目的是为了建构孩子的语言。在这个目的的指引下，“设置冲突”才是有根的，才是有魂的。那么怎样的“冲突设置”才能达到好的教学效果？“透过现象才能看本质”，因此，首先应该找到“现象”，然后再剖析。

案例一：

请看窦桂梅老师在《晏子使楚》的教学过程中的“设置冲突”的现象。

首先，老师请同学们关注这句话：晏子看了看，对接待的人说：“这是个狗洞，不是城门。”同学们谈了晏子是怎么想的才会说这样的话。

接着，窦老师就进行了第一次“冲突设置”：为什么晏子不是

"想了想说"，而是"看了看说"？有一个孩子说晏子"想了想说，那需要一些时间"；而"看了看说"，看了看说明晏子的思维敏捷，说明晏子非常有智慧，他想也不用想，就知道下面该怎么说了。

然后，窦老师就进行了第二次"冲突设置"：请孩子看《胯下受辱》读后老师引导孩子们说出韩信是注视了好一会儿才钻的。于是老师追问：那么晏子的"看了看"和韩信的"看了看"究竟有什么不同？有的说"看了看"是时间很短的，而"注视"要看好一会儿，韩信注视是在思考，最终的结果是他选择从别人胯下钻过。

最后，第三次"冲突设置"：先请一个孩子说自己的身高，并体验晏子的身高。然后问孩子们如果晏子就像韩信那样，能不能忍辱负重去把狗洞钻。有没有可能？为什么？孩子们说：因为两个人的身份不同，晏子是作为一个外交官，他要代表一个国家的尊严，如果他真的钻过去，楚王就会认为齐国人非常懦弱，可以侵犯。老师点拨：（掌声）就这样一个"看了看"，不仅仅是对个人的侮辱，那更是对国家的侮辱。所以有可能晏子在心态上也像韩信一样，但对于这种情况晏子是不可能只考虑自己的身份和尊严，最重要的是他代表的是齐国，所以这个"看了看"，你可以看出晏子的什么？

孩子们的感悟是：我看到了晏子的爱国精神；冷静；为了国家的尊严，不顾个人生死；有勇气。

老师总结：你看，就是这个"看了看"，刚才你说的"冷静"，那是睿智的标志；"勇气"那是获得胜利的前提。就是这个"看了看"，让我们看到小个子晏子背后藏着的是大智慧。

以上案例中，窦老师的三次"冲突设置"让孩子们语言富于思考并具有一定的深度，这样的"冲突设置"背后的奥秘到底是什么？

（一）"冲突"是适宜矛盾的呈现

适宜的矛盾能够激起情感的波涛，形成思考的高峰，而"围追堵截"是适宜的矛盾的自然呈现。案例中的三次"冲突"是适宜的。第一，每次矛盾的呈现都是遵循学生"最近发展区"的规律。

第二，每次矛盾的呈现都是遵循语文学科的目的。就一个文本的语文学习而言，语文新课程要求孩子们的情感与智慧得到发展，要求语文课要让孩子的情感得到熏陶。而这三次“冲突”很好地激发孩子们的思考，熏染了孩子们的情感。从实现的教学目标来看，我们可以体会到这里的教学形成的是关于“尊重”的情感体验和价值观——要赢得国家的尊重，首先要赢得个体的尊重，等等。

（二）“冲突”是情境核心的体现

情境的核心是冲突矛盾，而“冲突”就是设置冲突矛盾的课堂行为。教师要善于挖掘文本中可能隐藏着的情境。窦老师在晏子的“看了看”与韩信的“看了看”的不同点上设置“冲突”，借用电影里的特写镜头，启发学生去还原成任务即时即刻的心理活动。走进了这样的富有冲突与矛盾的情境，还愁学生不被人物品质所震撼吗？还愁学生不被晏子所折服吗？“围追堵截”就是将文本中隐藏的矛盾冲突转化为情境性的画面，从而丰富情感与启迪智慧，而矛盾与冲突就是这个情景性画面的核心！

（三）“冲突”是教学艺术的展现

以上的教学案例，为什么引发了孩子们的智慧的火花，其中很重要的因素，就是窦老师引导学生感受了两个文本中的一个关键性冲突——晏子的“看了看”与韩信的“看了看”究竟有什么不同？带着这个问题，学生走进了晏子的精神世界，对“尊重”进行了深刻的思考。

实践：探寻“有效设置冲突”的课堂

那么，怎样的冲突才是有价值的？怎样呈现“冲突”？冲突呈现后，老师又该怎么做呢？怎样的冲突才是有价值的？

案例二：

孙双金老师教学《泊船瓜洲》时，不是把教学重点定位于对文本诗眼“绿”的认知、体悟，而是让学生充分感受、体验诗人思乡心切又有家不能“还”的曲折幽深的情感。这个情感的体悟是通过“冲突设置”来激发的：孙老师先让同学们从“京口瓜州一水间，钟山只隔数重山”中感受“靠家近→应该还”，从“春风又绿江南岸”中体会“离家久→更该还”，再从“明月何时照我还”中体会“思家切→不能还”。通过这个“思家切”与“不能还”自然引发了“冲突设置”——想回家却不能回时，诗人的感受怎样呢？那个“绿”字仅仅是说又一个春天来到了吗？这样的“冲突”在孩子们的内心激起了“涟漪”，“绿”所包含的复杂情感被孩子体验到了。“情动而辞发”，此时学生就会积极地运用语言表达这情与意。

教学要善于抓住文本的“文眼”。但孙双金的这节课，却偏偏让“绿”这个“文眼”靠边站，而另起炉灶拈出“还”这个情感线索。基于拈出的这个情感线索，后来又设置了“思家切”与“不能还”的“冲突”，从而引导学生较好地理解了诗歌所蕴含的复杂情感，使学生在表达情感中学会语言的运用！

基于“还”设置的冲突，因为它既从文本的意义角度来考虑，又从学生学的需要角度来考虑，所以它的价值得到凸显。设置“冲突”要先找到有价值的“文眼”，然后再转化为有价值的“冲突”。

怎样呈现“冲突”？要想让一种教学方法发挥较好的教育教学效果，就需要孩子的全身心投入。因此，让孩子全身心投入是呈现“冲突”的关键。

“冲突”呈现之后，老师该怎么做？我们先来看看孙双金老师教学《赠汪伦》时的“引导”：

当学生自己提出了“冲突”（为什么早不来送晚不来送，偏偏在李白马上就要走的时候才来送?）后，孙老师请孩子们展开想象——汪伦这时候才来送有哪些可能？

生：如果汪伦提前知道李白要走，可能要准备一份厚礼。李白不愿汪伦这样破费。

生：李白可能怕汪伦伤心，就悄悄地走了。汪伦见李白不见了，就匆匆赶来。

师：这两种情况也是可能的。

生：李白可能已告别过了，两人有着深厚的感情，汪伦还想再见李白一面，所以又来了。

师：一送二送，这是你的理解，大家来点掌声。（学生热烈鼓掌）

生：汪伦开始可能用普通的形式话别，现在用踏歌来送别。

师：还有不同的理解吗？

生：汪伦开始时可能故意不来，在这时送，要给李白一个惊喜。

生：汪伦是个农民，李白看到他很忙，就不让他送。汪伦不忍李白就这样离开，又来送别。

师：归纳起来，是两人的情意太浓了。李白不愿汪伦破费，悄悄地走了。而汪伦为了这份深情厚谊，第一次把李白送上路，第二次把李白送上船。再把前两句读一读。

非常明显，孙老师在“冲突”呈现后，主要做的事情就是引导孩子们去表达自己的“想象”。这是一个表达自己的“想象”，其引导的实质就是想方设法让学生展开“言语实践”，即运用语言表达自己的情感与思考。

【课例解读】

窦桂梅老师在《晏子使楚》教学中的引导极具艺术性，它体现在：运用其他文本中的“看了看”与课文中的“看了看”的比较来引发孩子们对国家“尊重”的思考。这个“比较”使得孩子在“情智”之旅中触摸文本主旨。然而，如果以为引进外来文本进行“围追堵截”就是教学艺术的全部，那就是一叶障目了。多义的文本到处隐藏着理解上的矛盾冲突，找到了这些矛盾冲突，就找到了有价值的问题，找到了课堂的绝佳切入口，找到了点燃学生思维的火种。

寻找并点燃思维的“火种”，就是一种教学艺术。如《赠汪伦》教学中，可以找到并点燃思维的“火种”：为什么李白已经要走时，汪伦才来送？

之所以孙老师的教学能取得这样好的效果，是因为他设置的“冲突”具有很大的价值，能够满足学生学习语文的需要。“冲突”的价值，首先应从文本的意义角度来考虑。语文课要使学生在“运用语言的过程中学会语言的运用”。老师设置的“冲突”应该利于“文本的意义”的揭示。比如，关于《泊船瓜舟》，通过“绿”与“还”来设置“冲突”都是有利于揭示文本意义的。而为什么孙老师没有选择从“绿”入手呢？因为判断“冲突”的价值还应考虑满足学生学的需要。“冲突”的设置是为学生学习服务的，因此，它必须要充分关注学生的已有经验以及心理特点等。从这个角度来看，通过“绿”还是通过“还”来设置“冲突”，哪个更利于学生学习这个文本呢？在小学生的精神世界里，“还”这个字比之“绿”更容易唤醒他们的情感体验，更容易帮助理解文本的主旨，更容易激发学生运用语言的动机。

借文本之东风叩开门扉

孟　彬

新课标对小学低年级写话的建议是：对写话有兴趣，写自己想说的话，写想象中的事物，写出自己对周围的认识和感想。低年级学生由于年龄小，接触社会不多，没有太多的生活经验和留心观察的习惯，说写反差大。往往说时头头是道，写时却常常不知如何起笔……而低年级学生的写作水平又直接影响着他们以后的写作能力。怎样激发学生的写话兴趣，如何为学生创设一个激发写话灵感的平台，让学生对写话感兴趣，乐于把自己想说的话写下来呢？如何提高低年级学生的写话质量和效率？在实际教学中，我们应紧紧依托文本，对文本资源进行开发，通过各种形式的练笔来培养学生的说话、写话兴趣，提高其写话能力。

【新课案之课例】

案例一：《比尾巴》教学片段

师：同学们，这次比尾巴大赛还吸引了很多小动物，它们也从四面八方赶来了，请看大屏幕（课件出示），你认识下面这几种动物吗，你能说出他们尾巴的特点吗？

生：豹子的尾巴长。

生：鱼的尾巴像一把扇子。

生：燕子的尾巴像剪刀。

师：除了这几种动物，你还知道哪些动物呢？

生：狗。

生：老虎。

生：恐龙。

……

师：大家知道得可真多。这些动物的尾巴都有自己的特点，你能像课文中一样，自己编一句儿歌吗？比如：谁的尾巴粗，老虎的尾巴粗。

生：谁的尾巴细，老鼠的尾巴细。

师：非常棒。

生：谁的耳朵大，大象的耳朵大。

师：你能想到别的地方，非常聪明，这样吧，你们愿意说动物的什么部位就说什么部位，比如眼睛、耳朵。

生：谁的鼻子长，大象的鼻子长。

生：谁的耳朵大，大象的耳朵大。谁的脖子长，长颈鹿的脖子长。谁的尾巴长钩子，蝎子的尾巴长钩子。

师：你说得太精彩了，你怎么知道这么多？

生：我去动物园看过，我还从《动物世界》上看到了。

师：你可真会学习，从电视中学习、从大自然中学习都是很好的学习方法，同学们要向他学习。谁能再来说一下。

生：谁的牙齿尖，老鼠的牙齿尖。

……

师：大家知道得可真多，老师非常佩服大家。同学们，这节课你们也成了小作家了，回去以后自己仿照课文也来编一首新的《比尾巴》、《比牙齿》……的儿歌吧，看谁编得好。

从儿童认知的规律看，低年级的孩子入学后，学习语文是以口语为基础来发展其书面语的，他们易接受短小的文学形式。孩子们是充满好奇，富有想象的。他们奇特的思维，往往能迸发出智慧的火花，是一笔宝贵的财富。而且他们模仿能力极强，一年级的很多课文非常的优美，精练的语言、奇特的比喻、机智的比拟、鲜活的动词、丰富的想象、新颖的构思、奔放的激情、细腻的感受、纯真的童心……到处都闪烁着智慧火花，释放着无穷的魅力，最适合作为孩子学习语言的例子。我们就可以抓住这一点，在文本的教学中给孩子创设模仿的机会，让孩子在模仿中提高说话的能力。《比尾巴》这课就以对话的形式向我们介绍了动物尾巴的特点，充分调动了孩子学习探究的积极性。在孩子们眼里，小动物是他们最亲近的朋友。他们天生就非常喜欢小动物，对于奇特的动物尾巴更是感到神奇和新鲜。根据这个特点，在让学生学习课文问答形式的基础上，我把他们带入“动物尾巴展示会”，先让学生说说各个动物尾巴的样子，再从问一句答一句到问三句答三句，再由动物的尾巴扩展到其他方面。这样，分解了难度，层层深入，学生就编出了不少的段落。

案例二：《坐井观天》教学片段

师：是啊，耳听为虚，眼见为实。青蛙听了你们的劝说，还真的忍不住了，你们看——（课件演示青蛙跳出井口）青蛙终于跳出来了——哇，它看到什么，说些什么呢？

生：哇，天真的是无边无际！小鸟，我错怪你了。

师：嗯，恍然大悟！知错能改的小青蛙！

生：哇，天可真大！谢谢你，小鸟，如果不是你，我可能永远不知道天是无边无际的。

生：我坐在井底下不知道天有多大，跳出井口才晓得天这么蓝、这么高、这么大。

生：啊！天湛蓝湛蓝的，花儿五彩缤纷，小草碧绿碧绿，外面的世界太精彩了！谢谢你，小鸟，你让我大开眼界。我还要去看看另外的地方！

生：我真的错了，谢谢你小鸟！

师：懂得感恩的小青蛙。

师：外面的世界真的很精彩！真是——“欲穷千里目，更上一层楼。”

师：（投影仪出示习题）青蛙听了小鸟的话，真的跳出了井口，这下子，它惊呆了，心想：________，于是，对小鸟说：________。

小鸟说：________。

（续编青蛙和小鸟的第四次对话。）

要鼓励学生写想象中的事物，就必须激发他们展开想象，发挥自己的创造性。许多课文的结尾言有尽而意无穷，让学生沿着作者的意图续写下去，既巩固了课文中的知识，又拓展了想象的空间。教师借助多媒体，出示青蛙跳出井口的画面，围绕“青蛙跳出井口会怎么样呢”等问题，给学生留有想象的空间，启发学生想象，练习说话、写话。让学生在空白处放飞思绪，闪现出智慧的火花；让学生充分发挥丰富的想象力，使他们觉得似乎自己也成了其中的编者之一；让每个学生在一个共同认知的基础上创造出个性化的语言，促使学生的知、能、情得到不同层次的发展。

我手写我心，在这一句句充满奇思妙想的、妙趣横生的对话中，我们可以看出学生不再闻“作”丧胆，只要我们对他们多给予指导、肯定，一旦学生思维的火花被擦亮，其效果会令我们既吃惊又欣慰。

【课例解读】

低年级小语文教材选文精美，以清新明快的诗歌、妙趣横生的童话、短小精悍的寓言故事为主，从不同的侧面、不同的角度反映了儿童多姿多彩的生活。我们应该有效地借助文本，细心地挖掘文本中可供写作的素材，为学生写话搭建一个模仿创造的桥梁，以培养学生的写作兴趣，提高其写作能力。不妨从以下几个方面入手。

1. 依托文本——进行仿写

从心理学角度来说，模仿是儿童的心理需求，是儿童学习的基本手段。叶圣陶先生曾经说过“课文无非是个例子”，既然是例子，教师就应以课文为载体，在感知、理解的基础上收集、积累作者的写法，为学生提供了一个思维发散的的空间，并给学生提供创造性思考的机会，使他们充分发挥想象力，激起写话的兴趣。教材中的许多文本，像《荷叶圆圆》、《小壁虎借尾巴》、《从现在开始》、《春雨的色彩》、《黄山奇石》、《谁和谁好》、《四季》.《植物妈妈有办法》、《假如》、《要是你在野外迷了路》、《泉水》等，都可以拿来练习仿写。

2. 发掘文本的留白——补写

留白是中国画中一种十分讲究的绘画技巧，也是非常重要的画理。空白的魅力是含蓄、深刻、广阔而多样的。老子就作了形而上的概括：“大音稀声，大象无形。”在我们的语文课本中，用心阅读，就会发现有许多留白的地方，这种手法与绘画中的留白有异曲同工之妙，给读者广阔的想象空间。只要稍加注意，这些留白就会成为课本资源中最值得挖掘的丰富矿藏，教师应特别重视巧妙利用课文中的这些留白，给学生营造一个想象和创新的空间。这样的练笔既

“有米下锅”，又有“菜谱”在手，学生自然乐于去“煮”且能够“煮出”趣味。长此以往，用笔来说话就不会再是什么难事了。

3. 展开想象——续写

许多课文的结尾言有尽而意无穷，让学生沿着作者的意图续写下去，既巩固了课文中的知识，又拓展了想象的空间。学生有着丰富的想象潜力，只要教师善于挖掘，就能开发出更为广阔的空间。

另外，指导学生尝试把叙事性较强的诗歌改写成上百字左右的小短文；将课文改写人称；同一题材，换一换表现手法，进行合理的创造性表述，与原作比比谁棒，这些是极富诱惑力的活动，不仅可以增强学生的习作兴趣，还可以培养学生多样化地组织材料和灵活地运用表达方式的能力。低年级语文教材中的课文，形式多样、内容丰富、图文并茂，颇有情趣。合理地利用插图，设计出说话、写话的内容，对今后提高学生的写作水平大有裨益。我们要充分利用插图，让学生展开想象的翅膀畅所欲言，让学生在不知不觉中“思接千载”“视通万里”，从而激发学生对写话的兴趣与欲望。

在课堂教学中，“要书声琅琅，也要静思默想，还要妙笔生花”。教师要善于挖掘教材中蕴涵的语文素养，适时地引导学生进行想象，培养学生的创造性思维，紧紧依托文本的魅力让学生的写话能力有质的提高。

构建认知组块进行有效教学

李翠琴

识字教学是小学语文教学中的基本内容之一，识字教学的效果直接关系到“正确理解和运用祖国的语言文字”这一语文教学目的能否实现。可是，在课堂教学中，尤其是在高年级的教学中，识字教学已经被淡化了音和形，识字教学往往只是作为指导阅读的突破口而出现，只为理解句意、段意服务，常见现象为：独立地进行词语解释，或是没有具体指向地一味让学生联系上下文解释。在新课程背景下，如何提高词语教学的有效性呢？构建认知组块，进行立体的生字教学，更符合新课改的精神，有利于提高词语教学的有效性。

【新课案之课例】

案例一：《秦兵马俑》教学片段

师：同学们课前预习了课文，下面我们来读读这些生字。

（先出示二类字词：所向披靡、战车千乘、翘起、严峻，指名读。）

师：你知道“所向披靡”是什么意思吗？

生：所到之处，敌军纷纷倒下。

师：这是你根据课文理解的，还是从字典中得来的？

生：从字典中查到的。

师：那你知道字典中说的“靡”还可以怎么组词吗？

生：（不好意思地笑着摇头。）

师：没关系，我们大家一起查查字典，看谁速度快。

（学生忙着查找字音，教室一片紧张的翻纸声。片刻，就有学生兴奋地举手汇报。）

生：还有“靡靡之音”、“风靡”。

师：很好。再仔细看看这两个词语是什么意思呢？

生：“靡靡之音”形容低级趣味的乐曲；“风靡”是顺风倒下。

师：好，请你把这两个词写上黑板，并给“靡”注音。

生：我还查到“靡”还有一个读音是读二声，“奢靡”。

师：“奢靡”什么意思呢？

生：浪费的意思。

师：请你把“奢靡”这个词也写上黑板，给“靡”注音。

师："战车千乘"的"乘"读音我们平时很少见，是什么意思呢？

（生自觉翻开字典，很快举手。）

生：古代指四匹马拉的车，一辆为一乘。还可组词"千乘之国"。

师：找到书中这个词所在的句子，想想这个词的意思。

生：秦兵马俑惟妙惟肖地模拟军阵的排列，生动地再现了秦军雄兵百万、战车千乘的宏伟气势。"战车千乘"是说战车很多。

师：从这个词语，你看出什么？

生：当年秦始皇的军队的浩大气势。

师："翘、乘"，谁知道还有其他的读音吗？

生："翘"还读第二声，"翘首"；"乘"还读"乘车"的音。

师：也请你写上黑板。请同学们记在书上。

点评：

关于生字教学有三个基本要点——音、形、义。虽然我们平时教学也很重视这三个要点，但往往会将它们割裂开来进行教学。没有打通音、形、义三者之间的关系。

上述案例中，对"靡"字的教学，就很好地把握了音、形、义三者之间的关系。首先是读音，由于学生不常见这个字，所以设计了让学生查字典，一是为了巩固学生查字典的能力，二是为了加深学生对该多音字的印象。因为字典中不仅有读音，还有解释和组词运用。这样音和义的教学就很好完成了。请学生板书并记在书上，是让学生动手写一写，记住字形。通过这样的练习，学生不仅弄清了"靡"、"乘"、"翘"的两个读音，而且通过扩词，也掌握了它们的运用，通过抄写记住了字形。

在教学中，经常会发现，学生说得头头是道，可一写起来就出错，正应了那句老话——光说不练空把式。老师们往往会埋怨：明明说过的怎么还是会错？其实从心理学的角度讲，单纯的听觉记忆是远远不够的，还要调动学生的视觉记忆和运动记忆。而且主动发现远比直接获知更能使人产生成就感。这样音、形、义相结合，引导学生自主学习生字的方式，能够大大提高识字教学的有效性。

案例二：《黄山奇松》教学片段

师："屹立"，你们知道意思吗？注意它的偏旁。

生：像山峰一样高耸而稳固地立着。

师：对，你还知道它有哪些孪生兄弟吗？哪些词语意思和它接近？

生：耸立、矗立。

师：对。可是它们的用法还是有区别的，你们能区别吗？

生："耸立"可以指铁塔高高地直立。"矗立"也指高大的东西高高直立，一般可以指高楼什么的。

师："屹立"有坚定不可动摇的意思，有时指英雄人物的高大形象。看到这个词，你会想到哪些人呢？

生：哈尔威船长、狼牙山五壮士、董存瑞、郑成功的塑像。

师：这个词该怎么读呢？

生：要读得坚定、响亮。

师：你来读读看。

生：屹立！

师：课文说黄山松"或屹立"，你是怎么理解这里的"屹立"的？

生：黄山松根扎得牢。

生：黄山松饱经风霜，依然郁郁苍苍。

生：黄山松生长的环境很艰苦，可是它们毫不动摇，像巨人一样傲立于黄山。

……

点评：

"屹立"这个词语的教学，简单起来，可以请学生读一读，就字典上的解释说一说就行了。可是要想让学生真正对这个词语进行有深度的理解，就不能这样机械地进行教学了。上述案例，把“屹立”和“矗立”、“耸立”进行比较，引导学生学会辨析同义词，学会正确运用词语；引导学生通过以往的积累，对“屹立”进行形象的联想，使得“屹立”这个词语，不再是冷冰冰的一个单纯的词语，而变得有色彩，形象饱满起来。老师适时地和其他课文语句进行链接，使得黄山松的形象一下出现在学生的眼前。此时的词语教学不再是孤立的，而是立体丰满的教学。横向联系了同义词，区分了词义和用法；纵向联系了课文，拓展了词语的深度，揭示了课文的精髓。小小的一个词语教学竟收到如此大的效益，充分显示了词语教学的有效性。

【课例解读】

语文学习习惯的培养，不是靠每学期一开始按教材编排的习惯培养两课时就能完成的，它应该贯穿在平时的教学之中，潜移默化地使学生体悟到养成和运用良好语文学习习惯所带来的收益。对于词语的教学，应避免“割裂”式的生硬读写，要构建认知组块，引导学生立体地学会生字新词。

比如，上述对于多音字“靡”、“乘、“翘”的辨析，对于重点字义“乘”的理解、字形的辨析等等，使学生从小养成“咬文嚼字”的好习惯，而不是学了多年的语文，却张口读错音、下笔写错字。识字、写字教学在低年级很受重视，可是一到了中高年级，立刻就被冷落一旁。固然这里有着年段的教学任务不同的因素制约，但是我们的教学应该从学生学的实际出发。当遇到好的字词教学的契机时，我们语文老师应该敏锐地抓住。就如以上案例中的多音字“乘、翘、靡”，学生于平时运用不多，很生疏。如果此时老师只是随口告诉学生，那学生的印象是不深的。而当学生经过动手查找、辨析、组词运用以后，效果就大不一样了。没有扎实的语言功底的文字品味探究，是不能落在实处的。因此，我们的语文老师（无论是哪个年级段的），都有责任把词语教学的任务完成好。

语文学科的工具性特点，要求学生的听说读写能力都能得到训练提高。对课文内容的理解固然很重要，但是字词的基本功不能丢。如果学生不能读准字音、写好字词，课堂再精彩纷呈、高潮迭起，读写能力的培养目标也只能落空，于学生现在和将来的语文学习，都是大大不利的。课堂上，舍得花点时间，让学生翻翻工具书，和老师、同学一起探究字音、字义，辨析形近字，是一种积极主动的学习。它不仅能帮助学生巩固学习生字的方法，同时也能让学生体会到学习语文的乐趣。在字典与课文词句的探究中，浓浓的语文味道不期然就弥散开来了。词语教学的有效性，直接带来了语文课堂教学的高效。

“教什么”永远是第一位的

诸向阳

我们在实施语文教学的时候，面临的第一个问题，也是最重要的问题，是语文教学内容的确定，即（这一堂语文课）我们要“教什么”。我们教和学的是一篇篇的课文，但课文并不是我们要教学的内容，课文只是我们要教学的内容的载体，语文课的教学内容隐藏在语文课文中。于是，“教学内容是什么”这么一个在其他学科里老师们开始实施教学前就已经解决的问题，在语文教学中还是一个尚待解决的问题，而且是一个必须解决的问题。

归根结底，语文教学的问题大致可以分为三大类：一是“教什么”；二是“怎样教”；三是“教得怎么样”。从某种程度说，“教什么”决定了应该“怎么教”，并影响着“教得怎么样”。针对一篇课文确定适宜的教学内容，这是进行有效教学的核心环节。

时下的小语课堂，执教者热衷于研究教学方法，即“怎样教”。教师拿到一篇课文，首先想到的是“怎样教”——先怎样教、再怎样教、后怎样教。观课者关注的也是教学方法，着眼于教师，着眼于“怎样教”，着眼于教师的教学技巧、教学艺术、教学风采，讲究的是上课如何精致、如何精彩。教学方法是重要的，体现先进理念的教学方法应该被大力发扬。然而在教学方法上的努力，是为了更有效地完成教学内容，先进的理念首先关照教学内容，必须落实到“教什么”上。在考虑一堂课“怎样教”之前，首先要考虑的是这堂课的教学内容。语文教师备课时，主要精力应该花在面对一篇课文认真思考“教什么”上。但实际的情形是，语文教师在备课活动中所自觉关注的，往往不是教学内容，而从一开始就陷入教学方法中。在“教什么”还拿捏不定的时候，一心去设计有新意的“怎样教”，这无异于缘木求鱼。

【新课案之课例】

下面，我以苏教版国标本三年级下册第一、二单元的课文为例，谈如何确定教学内容。

第一单元由三篇课文组成，都是写景的文章。《长城和运河》是一首诗歌，描写了万里长城和京杭大运河的雄伟壮丽。《美丽的南沙群岛》介绍了南沙群岛美丽的风光和富饶的物产。《庐山的云雾》描绘了庐山云雾千姿百态、奇丽多变的景象。

《长城和运河》两段诗歌结构相同：均运用反复的写法，一、二行与七、八行诗句相同，三至六行用比喻的手法勾画了长城和运河的雄姿。编者的意图体现在课后练习题第5题：你知道我们的祖先还创造了哪些人间奇迹？分别说说它们的奇异景象。依据课文的主要特征和编者的意图，以及学生的接受程度，确定本课的教学内容为：比较两段诗歌的异同，理解和运用贴切的比喻，依据格式仿写。

仿写在这里事实上是续写第三段诗歌，续写时，开头与结尾的四句诗是原封不动抄写的。要跟学生讲明，这是诗歌的反复，可以加强一种韵律感，即一唱三叹。在仿写的题材上，要注意既不能用自然景观，如三峡；也不能用国外的人类奇迹，如金字塔；还不能用现代的建筑，如东方明珠电视塔。但这些不应该建立在教师讲解的基础上，可以设置一个题目，让学生在若干题材中选择，学生的错误选择，正好是探讨的基础。譬如，可出示“金字塔、九寨沟、莫高窟、乐山大佛、黄河壶口瀑布、东方明珠电视塔、故宫、美国自由女神像、秦始皇兵马俑”等词语，让学生说说准备挑哪一个来续写，在辨析之后，再开始续写。续写时，可出示图片，提醒学生注意比喻要贴切。

《美丽的南沙群岛》第二、三自然段，采用了典型的总分构段方式，介绍了南沙群岛的丰富物产和迷人风光。依据这一主要特征，确定本课的教学内容为：初步理解总分的构段方式，运用这一构段方式介绍南沙群岛的海洋生物。教师要凭借第二、三自然段的教学，让学生初步理解总分的构段方式。在搜集课外资料的基础上，采用这一构段方式介绍南沙群岛的海洋生物，如以“南沙群岛拥有难以计数的珍贵的海洋生物”为总起句写一段话。

《庐山的云雾》第二、三自然段，也采用总分的构段方式，以丰富的想象和恰当的比喻，形象地写出了庐山云雾的两大特点：千姿百态、瞬息万变。编者的意图体现在课后练习题第4、5题：庐山的云雾有什么特点？说说作者是怎样具体描写这些特点的；仿照课文第二、三自然段的写法，写一处景物。依据课文的主要特征和编者的意图，确定本课的教学内容为：理解庐山云雾的特点，掌握总分的构段方式，运用这一构段方式写一处景物。这一教学内容与《美丽的南沙群岛》一课的教学内容有相同之处，但要求有所提高。《美丽的南沙群岛》只是初步理解总分的构段方式，本课要求学生熟练掌握这一构段方式。在描写一处景物时，提醒学生要运用贴切的比喻，让景物描写更生动。

第二单元由三篇课文组成，都是写人的文章。《微笑着承受一切》通过对桑兰遭遇颈椎骨折的巨大不幸的描写，赞扬了桑兰坚强不屈的精神。《雪儿》讲述了我为受伤的雪儿疗伤并精心照料它，表现了我对鸟类的爱护。《花瓣飘香》主要讲了一个小女孩给生病的妈妈送花瓣的事，表明了她是一个孝顺的、懂事的孩子。

《微笑着承受一切》抓住桑兰遭遇巨大不幸之后的语言、动作描写，表现桑兰的精神风貌。桑兰的队友和主治医生的言行也很重要，起到了衬托桑兰的精神的作用，这也是学生写人习作中最容易忽略的，学生写人一般只写本人的言行，很少写他人的言行。

依据课文的主要特征以及学生的需要，确定本课的教学内容为：学习作者通过人物的言行以及他人的反映来表现人物品质的表达方法。特定的语文知识与技能，都是为理解课文服务的。即从阅读教学这枚硬币的这一面讲，我们是在用一篇课文训练学生某一特定的语文知识与技能；反之，从这枚硬币的另一面讲，我们同时也是在利用某一特定的语文知识与技能，在解决对一篇课文的理解。

意义理解与知能训练原是一个整体，不能将这二者割裂开来。也就是说“学习作者通过人物的言行以及他人的反映来表现人物品质的表达方法”与“理解桑兰笑对磨难、伤痛、残疾，引得了人们的敬意”是密不可分的。

《雪儿》写“人鸟之情”，真挚感人，语言富有韵味。此课的教学内容编者通过课后练习第 4 题进行了明示：读读下面的三句话，说说自己的感受。这三句话是“我”为雪儿做的三件事：取名、相伴、欢送。一件事一片情，正是通过“我”为雪儿做的这一件件事情，看到“我”那颗晶莹剔透的善良的童心。依据编者的意图，确定本课的教学内容为：品味“我”为雪儿做的一件件事，感受“我”那颗善良的心。教学中主要抓住课后练习第 4 题中的三件事来品味。此课学完后，可让学生回忆自己与喜爱的小动物之间发生的事，学习课文的方法写出来，表达自己的真情实感。

人物对话是《花瓣飘香》的主体，此课中人物对话的提示语出现了三种情况——提示语在前面、提示语在后面、没有提示语。依据这一主要特征，确定本课的教学内容为：品味人物对话，依据对话形式仿写。教学中主要通过朗读来品味人物对话，结合结尾段的教学，让学生进行对话仿写练习："我"把一盆月季花放在母亲的阳台上。"我"会说些什么？母亲会说些什么？写一段对话。

【课例解读】

在确定具体的一篇课文的教学内容之前，教师要对阶段目标了如指掌。课程标准中关于3～4年级的阅读目标中以下五条特别重要：①用普通话正确、流利、有感情地朗读课文。②初步学会默读，能对课文不理解的地方提出疑问。③能联系上下文，理解词句的意思，体会课文中关键词句在表达情意方面的作用。能借助字典、词典和生活积累，理解生词的意思。④能初步把握文章的主要内容，体会文章表达的思想感情。⑤能复述叙事性作品的大意，初步感受作品中生动的形象和优美的语言，关心作品中人物的命运和喜怒哀乐，与他人交流自己的阅读感受。另外，教材的编者在本册教学建议中有两条也特别重要，如下：

1. 在阅读教学中，教师要引导学生领会课文中叙事状物、表情达意的精妙之处。

2. 在阅读教学中，不只是帮助学生理解思想内容，还应该引导学生进行语言积累，指导学生学习作者观察事物、分析事物、遣词造句、连句成段的方法。

如何确定一篇课文的教学内容？我认为，确定教学内容的依据是：语文课程标准、单元目标和具体课文三者的结合。确定教学内容时，特别要注意以下三点：一是课文的主要特征。一篇课文的内容是极为庞杂的，我们应该选择最能体现这篇课文特征的内容来教。

二是学生的需要。确定课文的教学内容也不是由教材一个要素决定的，还涉及学生认知发展阶段性的问题。三是编者的意图。编者的意图主要是通过课后的练习题来体现的。语文练习题的重要性在语文课程中要远远高于其他学科，语文课“教什么”在相当程度上是由练习题或明或暗指示给教师的。

教学内容确定之后，再考虑教学方法。因为教师的个性不一样，每个班级的学生也千差万别，因此，采用何种教学方法，完全可以“八仙过海，各显神通”。但不管采用何种教学方法，最终都必须确保教学内容得到有效落实。

阅读教学不是让学生记住跟表达方法有关的语法术语，而是要让学生根据相关的“语文知识”去理解和运用语言文字。教师名做到：不割裂文本，不把阅读课上成纯粹的写作指导课；不上枯燥无味的课，注意教学的情趣性，在追求有效的同时不抛弃趣味性。

让写有力地走在读中

高子阳

阅读教学有着自己的阅读指导任务，在单位时间内阅读教学自身任务的完成就很紧迫，而不同的文章在写作的引领上肯定是不同的。如果每篇阅读课文的教学，都要进行所谓的片段训练，从某种角度上说，也是增加学生负担的表现，自然是不妥当的。因此，把握一个度非常重要。而针对每个教材版本的诸多文章，如何因文设计出恰当的“写的引领”？怎么把握好这个度？这些都是值得关注的问题。

【新课案之课例】

爱写一定少不了对话交流、写作习惯及责任感

苏教版有篇课文叫《天游峰的扫路人》，有的老师从问题入手，让学生反复阅读后提出问题，然后抓重点问题一一解决来充分理解课文；有的老师反复引领学生读“我”与老人的对话，理解文章内容；有的老师还制作出非常漂亮的课件，把武夷山也展现在孩子的面前，甚至把老人扫地的声音制作得相当逼真；还有位老师上课之初，问学生将来愿意不愿意做垃圾清扫工？结果没有一个学生说“愿意”。文章学完了，那位老人的生活哲理学生也明白了，但最终还是没有一位学生愿意做一位垃圾清扫工。

为什么多年来这么多的人去过天游峰，只有章武能够写出这篇文章？那位扫地的老人肯定有工作单位，熟悉他的人一定很多，有孩子、亲戚、朋友等，为什么这位老人身边的人没有去写或者说写不出这样的文章？而这些问题的答案其实非常简单，就是作者章武与这位老人之间有对话，而且章武善于用文字记录人世间的大智慧。我认为只要与他们对话，只要反复思考对话，只要愿意用文字记录下来，从任何一个人的身上都可以找到智慧点，品读到人生哲理。

有了惊讶、感叹，写的船桨才会划动

怎么才能写好文章？我个人认为首先要有那种“写”的惊讶与感叹，也可以说大脑要有一刹那的那种“写”的灵感。而每位成人都应该清楚，当人发出惊讶声、感叹声时，往往就是灵感到来的时候。事实上，我们所有版本教材中的好多课文就有着这类惊讶与感叹，但好多老师在教学该处时，只是让学生多读并理解感叹之内容，

始终没有感觉到这个惊讶、感叹就是这篇文章产生的不可缺少的灵感点。比如苏教版小学语文教材六年级有一篇课文《青海高原一株柳》。有位老师上完这课后，我给出的评价是这样的：该老师从尊重每位学生的阅读个性上自动寻找到交集，确定本课阅读教学的突破口。所以在教学中，该教师非常尊重学生，让孩子自由谈起自己的关注点，谈自己喜欢的词与句，甚至用上较长的语段来述说。在学生不断述说的过程中，焦点自然出现。

但是这位非常优秀的老师忽略了这篇文章同样非常独特的“写”。作者为什么会写出这么美的文章？孩子们知道这篇美文是我国著名作家陈忠实写的，当陈忠实先生看到那株柳时，他“哦”了一声。这一声惊叹，其实自动、快速地让作者进入了无限的思考。因为我们大多数老师不太明白这一点，所以在教学中这个非常普通的“哦”字，这个最能引领学生进入写作思考和整篇文章构建的“哦”字，被老师们“无情地丢弃”了。

写作是世界上最棒的感恩方式

苏教版小学语文五年级有篇课文叫《月光启蒙》，是我国著名作家孙友田的作品。有很多老师用这篇文章上公开课——有的老师，想方设法让孩子重读文章中的儿歌、童谣，一句一句地分析那些儿歌、民谣、童谣；有的老师也学着这位母亲激情讲着嫦娥奔月的故事，猜着谜语；有的老师带着学生一段一段地读，体会、理解“她在月光下唱的那些明快、流畅、含蓄、风趣的民歌民谣，使我展开了想象的翅膀，飞向诗歌的王国”。

在教学时，我发现这一课的内容非常简单，孩子在理解上没有障碍。但我读到“作家孙友田因为母亲患了老年痴呆症，失去了记忆，赶回老家去看母亲时，母亲安详地坐在藤椅里，但却不知孙友田从哪里来，不知来干什么，甚至不知孙友田是谁。母亲也不再谈自己的往事，不再谈孙友田的童年，只是对着他笑，笑得孙友田泪流满面……”这一片段时，我的眼睛湿润了，原来作家是在这种情境下写出了让无数读者包括教材主编感动的《月光启蒙》——这位老母亲从此走进了教材，将有一代代的亿万学生被她感动。我用这句话来教，在课堂中不断重复着这句话，用这句话的思维引领学生理解这篇课文，并且与学生共同约定除了用过去传统的方式感恩母亲外，从今年开始加上用文章的方式感恩母亲，一年一篇，能写多长写多长，坚持几十年，长大了再给这些文章润色，相信我们都能写出一部真正的感恩之书。

没有真正重视的世界第八大奇迹

我在多年前说过，我国中小学生害怕写作文的一个重要原因就是他们没有真正认识到写作是“人”的问题，是“我”的问题。而每篇课文的学习，其实也是“人”、“我”的问题。但无数节课听下来，看不到活生生的“人”，看不到“我”的存在。比如《庐山云雾》、《九寨沟》、《望庐山瀑布》、《秦兵马俑》、《黄河的主人》、《泉城》、《埃及的金字塔》、《音乐之都维也纳》、《黄果树瀑布》……这类文章，许多老师就文讲文，看不到“我”的存在，一篇篇课文教完了，学生学完了，好像一切都结束似的，多少人教完之后也说这类文章不好教。其实把“我”这个奇迹放进去，此类课文的教学就有趣了。

机会总会留给有准备的人

“机会总会留给有准备的人”，这种话一直没有成为指导学生习作的好思想。为什么？一是因为好多老师没有从自己的教育人生中悟懂这句话；二是很多老师没有在一些阅读课堂中“找到”这句话；

三是很多老师根本不清楚这句话能指导好学生写文章。

苏教版小学语文三年级有篇课文《第一个听诊器》，许多老师教过，但没有看到哪位老师把“机会总会留给有准备的人”作为理解课文的重点来看待（或者说把其作为指导学生怎么写好作文的重要理念来认识）。

从《第一个听诊器》这篇文章可以看出三个听诊器，第一个是“卷成筒儿，一头靠着病人的胸腔，另一头凑近人的耳朵”的笔记本；第二个是两端没有喇叭口的空心木管；第三个是两端做成喇叭的空心木管。为什么不把卷成筒儿的笔记本、两端没有喇叭口的空心木管作为世界第一个听诊器呢？课文中所写的这一切并不是单独介绍三个听诊器，而是写第一个听诊器的发明过程，其实这一完整的过程应该是：一是许多病人因肺结核痛苦地死去，引起作者的思考；二是看到两个男孩玩跷跷板，雷奈克也听到了声音的传递；三是通过卷成筒儿的笔记本能听到病人的呼吸声、心跳声；四是用没有喇叭口的空心木管听诊效果比卷成筒儿的笔记本好；五是两端做成喇叭的空心木管听得更清楚。笔记本、空心木管到处都有，但“两端做成喇叭的空心木管”这样的听诊器，在当时的世界上没有，是雷奈克发明的，所以两端做成喇叭的空心木管才是世界上第一个真正的听诊器。这一问题能够帮助学生全面理解课文内容，深刻理解发明的过程。

【课例解读】

语文课程标准对于“习作”的要求说得非常清楚，关键要解决三个问题：一是为什么写？运用语言文字进行表达和交流，目的是让学生关注现实、热爱生活、认识世界、认识自我，通过创造性的表述学会创造，当然还有更重要的一点，那就是培养学生的写作兴趣、自信心、习惯。二是写什么？写真话、实话、心里话，不写假话、空话、套话，也就是写自己的真情实感；写自己的观察、思考、做事，也就是自己的生活；还可以写想象中的事物……三是怎么写？自主写作，自由表达，展开想象和幻想，富有创意地表达。但课程标准对阅读教学中的“写作”引领没有明确的规定。而阅读教学，肯定不会也不需要对三大块内容进行非常具体的写作演练，否则那就不是阅读教学了，是大杂烩了。但阅读教学中的“写”肯定又离不开这三大内容。

自从把阅读与写作分开进行教学以来，阅读与写作就有了独立的教学任务，但“听说读写”本身是一个整体，机械的分开式教学、全部的独立式的教学，肯定是不当的教学行为，肯定不利于母语的学习。关于让写始终“走”在读中，读写一体化“度”的把握研究，与具体的阅读内容、文章的形式是相关的，决不是上面所列的那几条观念上的引领，还有很多好玩的事值得我们开发。比如：老师们都知道，好多学生写文章不会开头、不会结尾，如果一学期阅读教学结束，把所有课文的开头与结尾抽出来放在一起，有趣极了，相信全体学生看到这些文字一下子就能明白怎么开头、结尾；有利于选材与详略得当的“写作”引领的课文，每册都有好多篇；怎样写好对话，80%以上的课文可以引领发现写对话的规律；此外，诸如怎么观察，如何快速写好文章，如何与人进行真诚的交流，如何写诗，如何写景，如何先总写后分写，还有修辞的价值、如何惟妙惟肖地表达、怎么让自己的文章有意思……这些都有相应的课文与其一一对应。因为小学阶段的习作教学教材编写还存在着诸多问题，本来这些内容应该在习作课堂中讲述，但因为真正能培养学生的习作素养的、好玩的训练系列，至今没有呈现在老师面前，习作教学也就缺少了很多智慧。让写始终“走”在读中，以具体的课文来寻写，以写深入地理解课文，目的是想找到这种平衡点，以让全体学生都形成真正良好的读写素养。

提倡“简单”的课堂

叶　刚

新课程呼唤新课堂。但是，什么是新课堂？全国小语会理事长崔峦先生曾经指出：“教学的最高境界是真实、扎实、朴实。而要真真切切地做到这‘三实’，需要教师捧出一颗对教育虔诚、对学生真诚的心；一颗淡泊名利、无私忘我的心。我们欣赏并提倡‘简简单单教语文，本本分分为学生，扎扎实实求发展’的回归常态的语文教学。”

确实，洗尽铅华、回归本真的语文课堂，能让教学变得简单，能让学生更有收获，也能让教师更加“心安”。这正如歌中唱的那样：“曾经在幽幽暗暗反反复复中追问，才知道平平淡淡从从容容最是真。”

【新课案之课例】

目标简明：身轻好比云中燕

现行小学语文教材，虽说每篇课文的篇幅都不算太大，多在几百字上下，但可讲、可学的内容还是相当多的。在教学中教师不需要把每篇课文的内蕴都面面俱到地“倾囊相授”，但是必须根据教材具体情况和学生的发展水平来确定教学重点，使学生在有限的时间内，最大限度地学好教材的某些方面，“集中火力”地发挥其某方面的“例子”功能。

关于取舍，浙江省著名特级教师王崧舟发表在上海《小学语文教师》杂志2001年第11期“名师教学设计精品”专栏上的几则教学设计颇能给人以启迪。对《草船借箭》一课，王老师的目标是：

本文无论是从课文主题、人物形象看，还是从写作手法、语言风格看，都是实施‘研究性阅读’教学模式的极好载体。基于‘研究性学习’理论的‘研究性阅读’教学模式，重在培养学生的自主阅读、自主感悟、自主探究、自主发展的语文综合素养，实现学生的主动发展。

而在《我的战友邱少云》一课中，王老师针对课文中所含情感“触点”而精心设置了如下“主攻”目标：

一堂好的阅读课应该做到：书声琅琅，议论纷纷，情意浓浓。新课标也强调指出：要在读中使学生受到情感的熏陶。本课蕴含着丰富而伟大的情感因素，如何让学生通过读来体验课文情感，进而抒发自我情感、升华自我情感？最好“以读感悟，读中熏陶”。

试想，教《草船借箭》就一定不能进行情感培养吗？学《我的战友邱少云》就绝对不能采用“研究性阅读”方式吗？恐怕都未必。只是从教学的“大局”和课文特点考虑，这两课教学应有不同的方略，唯此方能“课”尽其“材”。学《草船借箭》，重点让学生掌握“研究性阅读”的“法门”，而学《我的战友邱少云》，则全力让学生经历一次刻骨铭心的精神洗礼。正因有了侧重点，教学才变得“简单”和“专一”了。

教法简洁：冗繁削尽留清瘦

全国名师特级教师孙建锋老师的课，被称为“追寻魔力的对话”。在他的课堂上，学生对文本的解读既是非常自主、自由和自如的，又是极其深刻、多元的。孙老师的课往往极其精炼简洁，大体只经历“读—思—点”三个阶段。读，就是让学生充分读书；思，就是让学生默读精思，在潜心涵泳中深入领会文本；点，就是当学生的解析和感悟遇到瓶颈或障碍之时，教师审时度势地相机点拨指引。

譬如，孙建锋老师在执教《最大的麦穗》时，学生最初的发言虽丰富多样，但却停留在了表层，经过他的点拨，学生在二度攻读后的感悟就有了质的飞跃。

师：“横看成岭侧成峰，远近高低各不同。”如果从不同角度欣赏课文，譬如：“大学者苏格拉底教育学生有什么独到之处，他的弟子如此学习对你有什么启发？”带着这些问题再次与课文对话，你们肯定会有许多“美丽”的收获。

（学生再次潜心读书，四分钟后，师生对话。）

生：一般的上课是在教室里，而苏格拉底上课是在麦地里；一般的上课用课本，而苏格拉却是用麦穗。

生：他的“发现”对我启发很大，不仅麦地可以当教室，社会也可以当教室；不仅麦穗可以当课本，整个大自然都可以当课本。

生：苏格拉底教育弟子们不是直接告诉他们一个道理，而是让他们亲自实践、体会，最后悟出人生的道理，自己悟出来的往往是刻骨铭心的。

生：弟子们辛辛苦苦、挑挑拣拣，结果却两手空空。这样的结局太令人失望。

生：我不这么看，表面上他的弟子们是两手空空，实际上却收获多多。

生：从课文中也能看出苏格拉底的弟子们有些太听话了，不敢怀疑老师，盲目行动，最后落得两手空空。

……

教法的简洁，成就了课堂“收成”的丰富，孙老师的课，为我们作出了这方面的示范。其实，学生学语文，甚或包括学任何一门功课，归根结底是要靠他们“自己”去学习的，且“勤老师培养出懒学生”的结局也是我们谁也不希望见到的。曾有资深研究者精辟地指出：“专家教师的课时计划简洁、灵活，以学生为中心，只突出主要的步骤并具有预见性。他们之所以不写细节，是因为这将由课堂教学活动时学生的行为决定。”周一贯老师也说过：“特级教师上课都很‘随意’，这种随意以曾经的‘刻意’作基础，而最高境界当属‘任意’。”

学法简省：莫忘语文来时路

据瑞士心理学家皮亚杰等人的研究表明，7 至 12 岁的儿童虽然能对具体的事物变化进行抽象思维，但他们不能脱离对具体事物的感知进行判断和推理。在这一阶段，如果把主要精力放在从理性的语文知识出发，引导学生对文章进行深入细致的分析、概括、判断、推理上，忽视学生对课文言语的感受和积淀，从儿童的心理发展规律看，显然是得不偿失、事倍功半的。

事实上，语文课堂教学的模式无疑有很多，但无论是哪一种模式都不能“废黜百家，唯我独尊”。至于怎么使用，贵在因文定法、以学定教。研究性学习再好，也不是适合所有课文的。更重要的是，语文学习中的“研究”，与科学技术方面的“研究”实乃“形相同，义相异”。我们应该清楚，语文学习当然要用“语文式”方法，只有这样，语文课才会“像”语文课。王崧舟老师在《好课三味》中写道：“一堂好的语文课，首先得有‘语文味’……具体来说，语文味表现在“动情诵读、静心默读”的‘读味’，‘圈点批注、摘抄书作’的‘写味’，‘品词品句、咬文嚼字’的‘品味’。”

王老师从语文本体的角度，提醒我们广大语文教师，要引导学生运用最“语文”的方法来学习语文，千万不要在“乱花渐欲迷人眼”的时候忘了“回家的路”。“民族的才是世界的”，我们的语文课堂，应该世世代代追求那种民族风格、中国特色。如果不能简简单单地从这一“国情”出发，总会有一天，我们会发现，语文课堂必定经受剧痛！

【课例解读】

倡导简单的语文教学，这既不是一时的心血来潮，也不是有意的哗众取宠，实乃“天下大事，分久必合，合久必分”的“语教版”。语文教学历经太长时间的“高耗低效”之后，几乎已到“山重水复疑无路”的地步，亟须做一次能够出现“柳暗花明又一村”的“刷新”。倡导简单的语文教学，也不是为教师“偷懒”找借口，因为它看上去是挺“轻松”，做起来却很难。诚如孙仁歌先生在《简单：语文教学的最高境界》中说的：“把课讲得简单一些，并不等于简而不精、单而不丰，简单一些其实就是精炼一些。它要求教师在备课环节上狠下工夫……教师只简单一讲，就得要领，就出新知，就解学生心中之惑，就使难点、疑点全部变成亮点。由此可见，把课讲得简单一些是一种境界，它不是把语文教学简单化了，而是把语文教学艺术化了、精良化了、高效化了。”

倡导简单的语文教学，更要求教师练好自己的“内功”，不断提升和“锻造”自己，使自己具备深厚的文化底蕴、开阔的文化视野和高深的文化品位。一位小学语文界德高望重的特级教师曾这样介绍支玉恒老师：“他购置的各种业务书刊，放满了一堵墙大小的书架，他做的读书笔记和摘录的资料卡片堆起来有两尺多厚，他听别人的课，都要仔细地记录，过后还要评析整理，装订成册……支老师今天的成绩证明了，当年他的这些工夫，没有白下。”

倡导简单的语文教学，就是全心全意为学生生命发展奠基的最本真的教学。行走在新课程时代的语文教师们，必须永远铭记崔峦先生“简简单单教语文，本本分分为学生，扎扎实实求发展”的谆谆告诫。同时更要明确一点，那就是，追寻简单语文，要求我们首先要把自己武装得“不简单”起来，因为只有拥有了“不简单”的底气，才能游刃有余地营造简简单单的语文课堂，也才能打造出极其“不简单”的新世纪接班人。

清代著名画家郑板桥有副楹联：“删繁就简三秋树，领异标新二月花。”这虽是用来描写自然界景致的，但同时也揭示出了艺术创作的普遍规律。教学同样是一门艺术，当然也能从此联中得到诸多启示。试想，晚秋时节，西风萧瑟、草枯叶落，唯余高树虽仅留少许叶片却仍迎风斗寒、傲然屹立；或二月春早，乍暖还寒，却有凌寒花株数枝绽放，春光独具、非同一般。此情此景，用来比喻经过升华提炼、返璞归真的语文课堂，不很恰如其分吗？

排除外在干扰方能自由伸展

邢淑红

我市不久前举办了一次习作观摩课活动，参赛教师围绕教材内容自行选择上课内容。由于习作表达和学生的生活经验有关，单一的教学情境、过度的教师指导、过高的习作要求等多种外在因素也常常干扰和左右着学生的习作思维。

【新课案之课例】

案例一：

一位教师指导人教版六年级下册习作课《一次×××的体验》。这本是一个不确定的半命题习作，但执教者都围绕着“盲人走路”进行现场模拟、教师范文、学生交流这几个教学环节。在此基础上，再谈谈其他残疾人的生活体验，习作就以《一次残疾人的体验》为题指导成文。

反思：教学情境单一，选材思维受限

近年来，创设情境、再现生活成了习作观摩课常见的现象之一。

教学环节大致如下：创设情境—交流情境—表达情境—习作点评。就如这节课，执教老师把整个体验的过程仅仅局限于残疾人“不方便”这一单线上，在这种单一的现场情境中，学生的习作思维受到干扰，本可丰富多彩的习作选材缩至“特殊”，得出的体验和习作内容都好像走在了独木桥上，只是有“不方便”这一个话题而已。当人为创设的习作情境过于单一时，本来应该很饱满的内容会缩至很小的范围内，小圈内的“有限氧气”自然不足以满足众多学生的需要，干扰了学生思维的灵活性。学生感到习作更加困难，处于“无话可说”、“无话可写”的尴尬境地。

案例二：

一位教师在执教人教版三年级下册第六单元的习作《未来的……》时，无视“未来”的不确定性，不了解幻想其实是用来补充现实生活的不足，而一味地从想象依据、想象题材、想象事物、想象方法几方面进行大量指导，特别是用多媒体课件提供的想象范例，无论是色彩、形状、功能、种类都是面面俱到、完美无缺。

反思：过度的指导，思维缺乏独立性

指导的过度指老师的指导过于精细，干涉的面过于宽泛。其结果是导致学生习作千篇一律，重叠成一张面孔；学生很容易产生从师、从众的依赖心理，散失了独立思考的机会和动力；学生的习作出现的只有事物，没有情节，并且出现了与教师范例雷同，就如同“所有事物都安上了电钮”——学生还没有开始想象，想象已经为教师过度的指导所扼杀。教师习作指导把握好度很关键。

案例三：

一位教师指导四年级学生写《春蚕》，一度把学生的感受引向“无私奉献、生命价值、服务他人”的思想高度，高调式要求干扰了学生的体验的独特性；另一位教师在指导四年级学生习作《第一次×××》时，运用三选一的方法教给学生选材，很好地体现了选材的独特性，有效地活跃和开阔了学生的思维。这种良好的发展势头一直维持到第一个学生站起来在全班面前交流自己的口头习作的环节，这个学生要写的素材很多，感受也很独特。但就在如此精彩的环节后面，教室里突然变得一片沉静，举手的学生寥寥无几，学生刚刚放飞的思维似乎再度受限。出现这种情况，追究起来是因为在此之前教师提出过一个要求：说的时候，要把经过说具体，说出自己的感受，说出精彩；听的同学要认真听，做出精彩点评。

反思：过高的要求，思维缺少积极性

也许是受到考试、分数、检查的种种压力，也许是教师忘了自己的成长经历，没有真正蹲下身子看学生的稚嫩，习作过程中的习作内容、习作方法、习作评价、习作激励出现了要求过高的现象，致使学生对习作产生距离感和畏难心理，干扰了学生主动思维的积极性。

【课例解读】

1. 案例一的调整策略：多样情境，开拓思维

“习作情境”，实际上是一种由教师根据教学需要或学生习作需要而人为创设的特殊环境，是促使学生能动地活动于其中的环境，每一个“情境”都应该像房子装修时每一块材料的选择都有其必要性一样，精心选择和设计，深浅适中、由表及里，使之能适合于学生；又要像房子的核心是人，住着舒服的房子才是好房子一样，每一个“情境”都应可以使学生主动参与，全身心地沉浸，真实地感悟、实践、体验、发现，引起情感共鸣，从而使习作思维处于最灵活、最活跃的状态。

教学《一次×××的体验》教师选择了体验残疾人的生活，但是情境创设定位在单一的“不方便”，这就违背了情境创设多样性原则。面对残疾人，教育环境中有一个重要的课题，就是让孩子完全以健康的心态接受“不一样”的人、事、物。在创设情境时，以“残疾”为主线，还可以创设出“没有不方便”、“大家一样棒”、

“换位思考不方便”、“假如他是我身边的同学或亲人” 等多种情境，让每一位学生体验残疾人的不方便之处其实并没有给周围的人带来太多的不方便，他们不是一个需要可怜的、处处受照顾的群体，他们也有自己的强项，如常人所没有的毅力等等，进而体验友爱，一视同仁看待弱者；体验尊重基础上的同情心，主动地去帮助弱者；体验残疾人健康、坚强的心态。在这种多样性的情境中，让学生更深层次地体验无奈的选择、友谊的互动、平等的尊重、友爱的表达、坚定的自强。另外，从这次习作题目来看习作内容，也仅仅局限于残疾人的范围，学生在学习过程中、与他人交往过程中、外出游玩过程中早已积累了丰富多彩且独具特色的体验，比如快乐的体验、痛苦的体验、幸福的体验、惊险的体验等等，对于体验，可写的内容很多，范围很广。

2. 案例二的调整策略：因需而定，宜粗不宜细

教师的悉心指导决定着学生习作的成效性。但是不同学段、不同年龄的学生，思维能力存在着差异；同一学段、同一年龄，面对不同的写作素材，因为生活阅历的差异也会存在很大的不同。教师的习作指导应该做到因人而异、因文施教，重在开启学生的思路，引导学生自由表达，宜粗不宜细。

例如，有一次，才刚上课几分钟，天空突然暗下来，看来一场暴风雨将要来临。我毫不犹豫地放下手中的课本，停下学生的朗读，教室里的灯开开关关，让他们用心感受雨前、雨中天色的变化，整个过程只引导他们看、听、想，可以用自己最喜欢的方式表达。我也不规定提笔时间，你看到了什么、想到了什么随时写下来，再看看、再听听，又想到了什么就再写下来。活生生的事例展现在学生面前，只要轻轻点拨，学生的思维就会变得自由。习作的切入点也各不相同，有的写成一段话，有的写成一首小诗，有的编成儿歌，还有的写成了一首歌曲。原来习作就这样简单，就在写写停停中，一篇篇生动、真实的习作自然而然地产生了。

3. 案例三的调整策略：真诚交流，合理评价

教师往往希望学生的习作能站在更高的角度，具有更深远的意义，希望通过各种激励手段促进学生积极习作，但这一切我们只是站在大人的角度，以自己的想法衡量学生的思想。也许学生有了自己独特的体验时，却因为教师对情感态度的“高标准”要求，不敢说出自己的真实想法，而是努力搜索符合教师要求的信息。例如习作《春蚕》，一个男生流着泪动情地说：“我的蚕宝宝开始吐丝结茧了，几天过后，等我收拾干枯的桑叶时，才发现有一只小小的蚕宝宝被挤在桑叶底下，可能吃不到桑叶，还没有结茧。我的桑叶是从一个老婆婆那儿得来的，可是最近老婆婆去了外地不在家。所以我没有桑叶了，那只蚕宝宝就这样饿死了。”还有一个女生也流着泪说：“有一次，我把蚕宝宝放在桌上，然后收拾桑叶，在把蚕宝宝放回盒子里时，有一只蚕宝宝被忘在了桌子上。妈妈擦桌子时也不问问我，就用抹布把蚕宝宝给扫了，丢进了垃圾桶，我伤心极了。”这两位学生道出了自己的真实经历，他们在经历中获得了真实的体验，表达时自然流畅，教师应该抓住这一亮点，给学生充分的肯定与支持，引导学生从自己的发言中发现写作素材。可以从养蚕“喜、怒、哀、乐”的经历中以不同的角度进行选材，相信这次的习作一定要比喊着口号进行习作来得富有乐趣。

低年级的学生会因为一个小小的奖励而积极争取，但是中高年级的学生思想日渐成熟，物质奖励的吸引力逐渐削弱，这种激励的高屏障反而使原本胆子较小或缺乏自信的学生在一种不确定的情况下，更加迟疑和犹豫。师生、生生之间真诚的交流加上必要的、合理的评价，才能让学生放下一定要写优秀习作的心理包袱，轻装上阵、自然表达。一位教师指导三年级学生习作《变》，把写和改大胆地放在习作的前头，而把口头交流与师生互动评改放在习作后头。改的环节也只采用了一个最简单的方法，让学生捧着本子小声读，觉得读得不顺的地方就动笔改一改；再出声读，觉得不顺的地方再

改一改；最后大声读，再改一改。改完之后，并没有着急让学生在全班学生面前交流，而是对那些改过一处、两处、三四处的学生大加赞赏。没有过多的奖励，没有任何物质诱惑，学生却好像得到了某种指令，在后来的交流评改中，个个精神饱满、充满自信，自然而大方地交流互动着。

丰富的情境、适宜的指导、合理的要求、真诚的交流、简洁的评价，消除了学生胆怯、害羞、迟疑的心理，拉近了师生、生生彼此间的距离，有效地激发了学生主动参与习作的强烈愿望，让他们在自由、多元化的环境中愉悦地习作。

教师与文本对话的误区

孙建锋

近年来，教师与文本对话的课堂教学探索日益推进，广大教师也取得了较好的教学效果。笔者通过大量的课堂观察，发现举凡出现低效、零效，甚至负效的，皆与解读文本时走入下列误区有关。教师只有积极地走出与文本对话的误区，由错误到准确，由片面到全面，由肤浅到深入，由平面到立体，不断地超越生命的长度、心灵的宽度、灵魂的深度，准确而又灵慧地与文本对话，才能有品位地引领学生与文本对话。

【新课案之课例】

错　读

一次，某教师说课《静夜思》，饶有趣味地解释“床前明月光”：“皓月偷偷地溜进窗来，悄悄地铺在李白的床前，宛如银色的地毯。”说者的语态、行态、情态很抢眼，想象力与渲染力很出色，表现力也很丰富。但遗憾的是，老师把“床”理解错了。

“床前明月光”中的“床”是否是现代就寝的床？唐诗词典有解：床，乃“井床”，即井上的栏杆。做井床讲的床字，在唐诗中并不鲜见，譬如，《乐府诗集·淮南王篇》“后园凿井银作床，金瓶素绠汲寒浆”，杜甫《冬日洛城北谒玄元皇帝庙》“风筝吹玉柱，露井冻银床”，李商隐《富平少侯》“不收金弹抛林外，却惜银床在井头”。这些诗句中的“床”均作“井床”讲。最能证明“床前明月光”之“床”为井床的，是李白本人《答王十二寒夜独酌有怀》中的诗句：

孤月沧浪河汉清，北斗错落长庚明。
怀余对酒夜霜白，玉床金井冰峥嵘。
人生飘忽百年内，且须酣畅万古情。

诗中展现的，就是李白在朗月静夜的井床边独自望月的景象。诗人漂泊在外，孤独的时候，最易于怀古思乡。当然，李白在《答王十二寒夜独酌有怀》中怀的是古，《静夜思》中思的是乡。

床前明月光，疑是地上霜。
举头望明月，低头思故乡。

深秋，夜凉如水，井栏旁边，李白孑然一人，忽而举头遥望，忽而低头沉思。月光泻满大地，让人怀疑落了白霜。万木凋落，北雁南归，是该回家的时候了，岂能不思故乡呢？

误　读

譬如，一读到“春宵一刻值千金”，往往第一反应就是新婚之夜、两情融融。其实，这是对苏轼《春宵》的一种误读。

春宵一刻值千金，

花有清香月有阴。

歌管楼台声细细，

秋千院落夜沉沉。

其意为：春天的夜晚每一刻都价值千金呀！充满了花的清香，明月下的影子也有各种意趣。远处的楼台歌唱与管弦的声音细细地流荡空中，垂着秋千的院子宁静而深沉，诗人沉入馨香与乐音中。这是一首意境悠远、“感觉全开”的诗：“清香”是嗅觉，“月阴”是视觉，“歌管”是听觉，“夜沉沉”是身觉，“春宵一刻值千金”则是意觉。

片　面　读

譬如，人教版三年级下册有一篇课文讲周处“除三害”的故事。

西晋时有个周处，今江苏人，孔武有力，是块材料。只因父亲死得早，没人管教，变成“州里患之”的大流氓。

有一老者叹息地方上有害，周处慨然答应为父老除害。老者告诉他第一害是西山有只猛虎，经常下山吃人。周处上山把那只虎给杀了。老者又告诉他第二害是附近水中有蛟，常把往来的船只弄翻。他又入水把蛟斩了。他问第三害是什么，老者本来不敢讲出来，见他杀虎斩蛟，不像无可救药的恶人，这才壮了胆子说：“第三害就是你啊！”周处经此当头棒喝，幡然悔悟。

周处的父亲本是有名的读书人，虽然死得早，也给周处留下了一定的影响，所以周处知道怎么做。他去拜名学者陆云为师，用功读书，后来入了仕途，做过武官也做过文官。

周处的故事写进了教科书，可以说家喻户晓，但是大家所知所晓到此为止，说故事的人只说了个上半截。如果与文本对话仅此而已，难免只知其一，要想走出“片面”对话的误区，就要尽可能地扩大阅读视野。不妨读读旅美作家王鼎钧笔下的《半截周处》，这样对周处的了解就会更全面些。

肤　浅　读

譬如，读《九月九日忆山东兄弟》，仅仅读到“独在异乡为异客，每逢佳节倍思亲。”的层面，显然是肤浅的。因为“登高望远，悲从中来”的人类共通的心理因素，对话者并不一定真正谙悉。所以，有必要进一步探究。

遥想当年，孔子曾带领弟子登上农山，喟然长叹：“登高望远，使人心悲。”为什么曾豪情满怀地感慨过“登泰山而小天下”的孔子竟变得如此悲观消极呢？钱锺书认为这是全人类普遍具有的一种悲剧情怀，并把它命名为“农山心境”。

平　面　读

譬如，与《秦兵马俑》的一段文字对话——

兵马俑规模宏大。已发掘的三个俑坑，总面积近20000平方米，差不多有五十个篮球场那么大，坑内有兵马俑近八千个。在三个俑坑中，一号坑最大，东西长230米，南北宽62米，总面积14269平方米；坑里的兵马俑也最多，有六千多个。一号坑上面，现在已经盖起了一座拱形大厅。走进大厅，站在高处鸟瞰，坑里的兵马俑一行行、一列列，十分整齐，排成了一个巨大的长方形军阵，真像是秦始皇当年统帅的一支南征北战、所向披靡的大军。

如果只平面读，无论怎样细读文本，读出的无非是一组数字与几多华丽辞藻铺陈的“兵马俑规模宏大”。

但倘若中外比对、多维透视，阅读就会从平面走向立体，从单向度走向多向度，认识就会多元化、立体化。

譬如，不妨读读“巴顿墓碑”——

巴顿的墓碑立在欧洲腹地的海得尔堡的一个很大的广场上，广场上整齐地排列着6000个洁白的汉白玉墓碑。它意味着二战中牺牲在欧洲战场的6000名美军长眠于此。每一块墓碑上都极简洁地刻着一个军人的名字和他的生卒年月，巴顿的墓碑也是如此，他不因为自己是五星上将就制造什么特殊。生前与大家生死与共，死后与大家相伴相随。他始终生活在普通战士之中。如果说他所指挥的第三集团军是一片足以淹死一切强敌的浩瀚大海，那么，他情愿认定自己就是一朵最普通的浪花。

如果觉得帝王与将相不对等，还可以再读读戴高乐的墓葬。

有不少人以为，法兰西第五共和国的首任总统——戴高乐将军的墓地应该建在巴黎等繁华的大城市。然而，这位功勋卓著的老人安息在远离巴黎的科隆贝小镇。

戴高乐墓高出地面不到半尺。墓由白灰色的石头砌成。石面上刻着：夏尔·戴高乐，1890—1970。

这种砌墓用的石头，是最普通的，常用来镶马路边。来参观的人大多发出这样的感叹："这种简朴平凡的方式把一位伟人的品德表现得淋漓尽致！"

有了"比色卡"，看得更清晰：

——同为修墓，秦始皇是怎么想的，巴顿和戴高乐又是怎么想的？——如果说兵马俑展览的是等级；那么巴顿和戴高乐墓碑展览的则是无等级；

——"秦兵马俑"，规模宏大，私欲膨胀；"巴顿和戴高乐墓碑"，形式简陋，人格伟岸；

——可能会有不少人记住秦兵马俑，记住它昨天的故事和今天的"创收"；也可能会有更多的人像我一样记住巴顿，记住戴高乐，记住他们生前的才华经天纬地，业绩惊天动地，记住他们死后那平凡之极的墓碑留给后人的思考与警醒。

——巴顿与戴高乐无级别的墓碑折射的人格，是大写的人格，这种人格无国别。如若秦始皇地下有知，他会作何感想？

——我们认同兵马俑的文化与艺术价值，但同时也要审视其负价值，因为眼睛向下总是在古墓坑里打转的时候，别人已经眼睛向上，建造了宇宙空间站，正准备登上火星。

……

庄子有言："大人之教，若形之于影，声之于响。"对话教学中的师生关系，如形与影自然亲和，似声与响相得益彰。与文本对话，要学生有感受，教师首先要有感受；要学生有体验，教师首先要能体验；要学生动情，教师首先要动情。

【课例解读】

1. 错读，意味着与文本对话时，不自觉地犯一些知识性错误。由上面的课例可知，"井床"离现在的生活是远了一些。考证了的"井床"，自不必生硬地灌输给孩子，但教师对文本中"床"的本意，是要了然于心的。既不能牵强附会，又不能望文生义，更要力避知识性的错误。当然，谁都不是全知全能，人人都有知识盲点，但教师的职责是破蒙与启智，不是重蒙与愚昧。学生可以容忍教师的苛刻，但不能原谅教师的无知。

2. 误读，意味着与文本对话时，因循习俗、以讹传讹解读文本。教师与文本对话，设若"眼、耳、鼻、舌、身、意"的开关能够全面打开，文本的"色、声、香、味、触、法"就会明明历历，全入心田。那么，与文本对话，就会走向一种闻所闻尽、觉所觉空的"悟"读。

3. 片面读，意味着与文本对话时，盯在一处，所得受限。"原来周处在晋朝做到御史中丞。他为官忠直，把除三害的精神拿到朝廷上来，也不管除山中虎易，除朝中害难，于是得罪了权贵。有一年，边境凌乱，朝廷派梁王司马彤平乱，司马彤点名要周处参战。有人知道司马彤居心不良，劝周处别去，可是周处认为国家需要用人，他不能逃避责任。到了战场上，司马彤下手报复。他把周处派到一个绝地，不予援助，结果周处力战而死，全军覆没。周处不避权贵，帮助司马氏保有天下，可是司马家的人却不这样想。为了害死一个忠良，情愿打一次败仗、动摇士气民心，不惜血本。至于覆没的五千步卒，谁无父母，谁无兄弟，谁无尘世的贪恋，谁无生存的权利？他们纳粮当兵，敬畏官吏，何负于晋？司马家的人就更不会这样想了。”这后半截故事，更有利于学生全面了解周处。

4. 肤浅读，意味着与文本对话时，读得一知半解，读得蜻蜓点水。理解了“农山心境”，就能读懂一切远离家乡无法回归的游子、被贬谪放逐的臣子，还有沉浸在情爱中的男女“登高望远，悲从中来”的情怀。因此也就能读懂柳宗元“城上高楼接大荒，海天愁思正茫茫”的抑郁愁苦；就能读懂范仲淹的“明月楼高休独倚，酒入愁肠，化做相思泪”的缱绻情愫；就能读懂辛弃疾的“少年不识愁滋味，爱上层楼。爱上层楼，为赋新词强说愁”的怅然若失；就能读懂陈子昂“念天地之悠悠，独怆然而涕下”的宇宙意识与人类意识……

5. 平面读，意味着与文本对话时，解读视野狭隘与偏颇而导致的思维单向度。

第六辑　让精彩在预约中灵动

当我们在课堂教学中遇到预设外的生成时，先要让自己冷静下来，千万不要乱了方寸。其次要调动自己的知识储备（包括自己课前的预设目标），判断这时生成信息与本节课学习目标的关系，从而判断生成的价值。

——傅建林

教师的课前谈话是驶入高效课堂的快速通道，可为渲染氛围、创新课堂、碰撞思维、心灵触动打下坚实的基础。

——曾凡琴

过度的预设会导致教学的呆板与封闭，使教学死气沉沉；过分的生成则可能背离教学的计划与初衷，甚至会与目标、任务背道而驰。因此，我们需要追求的是二者之间的一种和谐的动态平衡。

——王　亮

理答是一种重要的教学对话，直接影响学生对某个问题的理解和下一步的学习进程，也影响到学生对一堂课甚至一门课的学习兴趣与态度。

——谢玉琴

预设与生成　让智慧与理念相约

傅建林

“预设与生成”作为实施新课程以来诞生的新生事物，已经受到广大教师的极大关注。正如《礼记·中庸》所说的：凡事预则立，不预则废。意思是说：不论做什么事，事先有准备，就能得到成功，不然就会失败。我们语文课堂教学也一样，要有所准备，才能取得成功。然而，如何预设语文教学的精彩课堂，如何让预设与生成如水乳交融般实现和谐共生呢？

真实的课堂教学往往是一个不断变化生成的过程，学生的知识与心理需求也是在学习过程中不断变化生成的，这些有时教师是无法提前加以预设作好应对的。怎么办呢？这就需要我们教师有足够的智慧，能及时从不断生成的信息中读取蕴含在生成中的价值，并让预设与生成这对矛盾有效地统一起来，让有价值的生成之花在预设中绽放……

【新课案之课例】

在预设外召唤生成

李老师上的是人教版四年级上册第15课老舍先生写的《猫》。当李老师让学生自由阅读课文，交流疑问时，有一名学生提出：课文中的第三自然段写着“它什么都怕，总想藏起来。可是它又那么勇猛，不要说见着小虫和老鼠，就是遇上蛇也敢斗一斗”这句话前后矛盾，既然说它胆小，那就不能说勇猛。前面说“它什么都怕，总想藏起来”，后面又说“不要说见着小虫和老鼠，就是遇上蛇也敢斗一斗”这就是矛盾。这名学生说得振振有词。一提完，立即得到很多学生的支持，大家也都认为这段话有问题。看来这个问题还是比较重要而且尖锐的。也许这是李老师备课时所没有想到的。李老师迟疑了一下，突然灵机一动，先是肯定这名提出问题的学生认真读书，会思考问题。接着让学生再认真读读课文，多读几遍，读后想一想这段话前后矛盾吗？如果没有，要说出没有的理由来，记住要注意联系上下文思考这个问题。在学生认真读课文思考的基础上，李老师再让学生分甲乙两方代表不同观点进行讨论。最后认为这段话没矛盾的乙方占了上风，这方的同学说：“我们认为不矛盾，前面是说它有时很胆小，什么都怕，总想藏起来。后面是说有时它又很勇敢，不要说见着小虫和老鼠，就是遇上蛇也敢斗一斗。”

“你是怎么想到的？”李教师追问。

“从第一句话：猫的性格实在有些古怪。”

“同学们再认真读读第一句话和第三段两句话想一想乙方同学说得对不对？”经过同学的比对阅读，大家都认为乙方同学说得有道理。在此基础上李老师进一步引导学生认识作者写猫前观察的细致及遣词造句的准确。通过描写猫“既老实又贪玩，既贪玩又尽职，既胆小又勇猛”把猫实在古怪的性格表现得淋漓尽致、栩栩如生。

这是一个典型的预设外生成的精彩案例，当课堂实际的生成是教师事先没有预设到的时，李老师先是让自己冷静下来，充分调动自己的知识储备（包括自己课前的预设：如何引导学生领会老舍笔下猫的性格古怪，从而进一步引领学生领悟作者遣词造句的准确。）判断出这个生成（学生提出的问题）所蕴藏的价值。接着开始思考引领生成的策略方式——接—抛—引。然后具体落实在引领生成的操作中——让学生再读课文，联系上下文认真思考。引导学生组成不同观点的甲乙双方，从各自观点出发，结合课文内容寻找答案，说清理由。最后让学生再循观点正确方的寻找方法进行比对阅读、验证答案。让学生在质疑中自主探究与合作学习，最终解决问题。

从以上成功案例中，我们不难得到启发：当我们在课堂教学中遇到预设外的生成时，首先要让自己冷静下来，千万不要乱了方寸。其次要调动自己的知识储备（包括自己课前的预设目标），判断这时生成信息与本节课学习目标的关系，从而判断生成的价值。然后再根据其价值确定取舍。取就是延伸发展生成，为预设目标服务；舍就是放弃这个生成或转化这个生成。如我上人教版三年级《孔子拜师》让学生提问时，有学生问：孔子的父亲是谁？这个问题是在我预设之外的，又与文本的学习目标没有多大的关系。我就笑着说："我们这名同学对孔子的家谱感兴趣，大家能不能帮帮他？"当时就有同学提议上网去查，我当时就拍着他的肩膀说："这个办法好，有兴趣的同学可以回去查一查，别忘了把结果告诉我。"几句话就转入下一个话题啦。最后是具体的生成，可以如李老师一样先把问题再抛给学生，引导学生认真回到文本进行探索。组织意见不同的双方进行辩论，让问题在辩论中生成，在生成中解决，或者引出新的生成。

在预设中引领生成

我在上人教版第七册《长城》一课前，预设了"通过引导学生读、感、画、议、辩等方式感知长城的雄伟壮观。考虑到历史久远，为了帮助学生理解，在其间加入多媒体手段，简介当时秦始皇兴师动众建长城的历史资料，包括原因、建造条件、付出的代价，让学生直观了解到古代劳动人民建筑长城的艰辛与智慧，从而领悟作者字里行间对古代劳动人民建造长城的智慧与才干的敬佩之情。"这一子目标。

在教学第三自然段时，有位学生读"多少劳动人民的血汗和智慧，才凝结成这前不见头后不见尾的万里长城。"这句话时，读漏了

"才"字。有的学生耳尖，立即听了出来。在这名学生读完后，我马上组织学生就这个"才"字能不能漏展开讨论。结果大家都认为不能漏。有的说，漏了这个"才"字就不能体现当时劳动人民建筑长城是多么艰辛、不容易。有的说，这个"才"字不但能表现出古代劳动人民建筑长城是多么不易，还能体会到作者对古代劳动人民建成长城的敬佩之情。

我紧接着问，课文还有哪些句子可以看出古代劳动人民建成长城多么不容易呢？很快学生就找到了"单看这数不清的条石，一块就有两三千斤重。那时侯没有火车、汽车、起重机、就靠着无数的肩膀无数的手，一步一步地抬上这陡峭的山岭。"这几句话。

在引领学生朗读这些句子时，我让他们闭上眼睛，想象自己是建筑长城劳动人民中的一员，正与千千万万的劳动人民在炎炎烈日下，在呼啸的寒风中，或肩扛或手扶着两三千斤重的条石，一步一步地抬上陡峭的山岭。并畅说自己的体验心得，用想一想、读一读、说一说的方式表达对古代劳动人民修筑长城所付出的血汗与智慧的敬佩之情。

【案例反思】

在这一课学习目标中，我没想到一上课在指读时，就有学生读漏"才"字，我当时就觉得这是一个很好的生成机会，有生成的实际价值。这是因为我在事先解读文本中就深知这个字是这个句子（甚至是整篇文章）的"眼"，它可以读出古代劳动人民修筑长城是多么不易，还可以读出作者对古代劳动人民修建长城的敬佩之情。这一漏读刚好跟我的一个预设目标相吻合。因此，我灵光一现，计上心头，并不是像往常一样，只纠正下学生，让他读正确了就算了，而是让学生针对这个"才"字能不能漏展开一番讨论，引导学生读出"才"字背后包含的含义（包括作者所要表达的情感），完成我预设中的一个子目标。

【课例解读】

综合上述两个案例，我们不难发现：要处理好预设与生成的关系，我们就要熟悉各级教育教学目标，如教育总目标、课程目标、学段目标、单元目标、课时目标等；就要认真解读文本，领会编者编写意图；就要了解学情，即学生最近发展区水平、兴趣、爱好、生活背景、认知规律等。将以上各元素加以融合整理，确定出教学的重点、难点及整体教学流程。

1. 教师都是在课前注重预设、课中关注生成。只有较充分的预设，才能在生成到来时，迅速判断出生成的价值及是否要让其绽放。这也是新课程核心理念中“为了每一个学生发展”的具体表现。生成是孩子心理与知识在教学过程中不断变化的产物——可能是对文本的个性阅读，可能是对生活的独特体验等等，这一切都是学生成长的轨迹、心灵的召唤。教师要立足于有利于每一个学生发展的高度与视野，本着“关注整体，照顾个别”的原则，既要智慧地利用有价值的生成资源，又不能任何生成资源都企图让它绽放而在课堂上“天马行空”任之生成。这才是真正为每一个学生的发展负责。最后还要预设课堂可能发生的状况，如学生可能对某个句子无法理解或提出一些古怪刁钻的问题等等，作好应对的方案（策略与时间）预设。

2. 教师在教学过程中，必须及时引导学生质疑。“提出问题是探索的开始，是创造的开始，也是有价值生成的开始。”因为问题是学生阅读思考的轨迹。不同的学生对相同的文本、文字提出的问题是不尽相同的，这就需要我们尊重与关注个性的思考。没有学习就不可能提出问题，没有深入学习就不能提出有价值的问题。不管这个问题是学生还是教师提出的，只要是有研究的价值（即为课堂教学目标服务这一根本价值）我们都应予以肯定。

3. 鼓励孩子自主探索，合作学习。这也是新课程所倡导的新的教学理念。“教是为了不教”、“学生是学习的主人”、“授人予鱼不如授人予渔”这样的前沿教学理念在以上案例中也得到充分的体现。要把学生提出问题或教师引导提出的问题作为一种新的生成资源。又要把问题的探索抛给学生，鼓励引导学生自主尊重文本，发挥个性进行探索，从而实现学习的目标。这样的学习才是高效的，学生的听、说、读、写语文能力会得到有效的培养，语文素养也会得到提升，也就能享受到学习的乐趣，品尝到成功的愉悦；给人自信，更增添力量。这不是语文工具性与人文性的合二为一吗？这不正是我们所追求的有效课堂教学吗？

课前谈话，提高课堂有效性的催化剂

曾凡琴

好的开始就是成功了一半，好的开课是成功课堂的前提，是和谐愉悦的教学氛围创建的最佳时机，也是融洽师生关系的最佳时机，对激发学生的阅读兴趣、酝酿情感基调有着突出的作用，可以让学生迅速地进入文本的情感之中。但是目前很多教师在教学过程中忽视了这一环节的作用，不能很好地把握时机，结果导致教学有效性大打折扣。

【新课案之课例】

案例一：《我的伯父鲁迅先生》教学片段

师：很高兴又和大家见面了。今天我想给大家打个谜语，大家来猜猜看这个人是谁？他一头短发，留着一字胡，喜欢穿着长衫（学生纷纷答曰：这是鲁迅）

师：对，大家猜得很准确。鲁迅先生以笔为武器书写人世间的不平，国民党反动派对他恨之入骨，他有一句名言是——

生：横眉冷对千夫指，俯首甘为孺子牛。

师：今天老师和大家一起再次走近鲁迅先生。

（教师板书课题，生齐读课题。）

从老师讲课的内容来看，这节课应该是第二课时，但从老师的开场白来看，又像是第一课时，学生还未曾接触课文而创设的情景。由此看来，教师此处设计的课前谈话是为了听课老师而创设的情境，是为了揭题而设计。笔者认为，教师的开场白无非是为了给学生创设情境，使学生的情感与文本的情感能够联系起来，迅速拉近学生与文本的距离，让学生能够入乎其内，因而此处教师不如直截了当交代上节课干了些什么，这节课要达到哪些目标更加简单明了。如：“上节课我们认识了鲁迅先生，了解了在他去世后很多人都来为他送行，这节课让我们再次走近鲁迅先生，看看课文写了他的哪几件事情，表现了他是一个怎样的人？”教师每设计一个教学环节，都应该想想这样设计的目的是什么，而不应该为了设计而设计，盲目追求形式。

案例二：《献你一束花》教学片段

师：现在天气很热，那我们来谈点“热点”问题。八月什么最热？

生：北京奥运会最热。

师：你最喜欢看什么比赛？

生：我最喜欢看篮球比赛，看姚明、看科比。

生：我最喜欢看跳水，看中国健儿为国争光。

生：我最喜欢看王楠打乒乓球。

师：在雅典奥运会上，有一个人引起世界瞩目。大家请看录像。

播放刘翔在雅典奥运会上夺冠的瞬间。

师：刘翔成了人们心目中的英雄，人们纷纷把鲜花送给他。你还看到鲜花都送给谁？

生：鲜花送给崇拜的人。

生：鲜花送给病人。

生：鲜花送给最亲爱的人。

师：今天学的课文也是与献花有关。

（板书课题：送你一束花）

生：老师写错了，应该是“献你一束花”。

师：我看这差不多的意思，有什么区别吗？

生：我觉得这个“献”字有一点崇敬的意思。

师：拿不准不要紧，我们学了课文再来看。

天气热就谈热点问题，那么天气冷就反之么？这里冗长的开场白旨在引出雅典奥运会一百一十米栏冠军得主刘翔在比赛场上得到人们敬献的鲜花，再由鲜花引出课文。笔者认为，直接选取执教老师的一个问题：“你平常看到鲜花都送给什么人？”来引出课文这样更简练一些——大道至简。学生也一定会答出奥运会上的健儿们为国争光时，人们给他们敬献的鲜花，这样铺垫少一些，也就更自然一些。

执教老师设置的一个小的语言文字的训练“送”和“献”的区别，在这个地方非常巧妙，让学生尝试去寻找答案，老师也不急切地告诉学生究竟是什么（为什么），而是为学生设置了一个障碍，让学生带着这个疑问学习课文，自己去探究根源，让学生通过自己一节课对课文的感悟去分辨，达到教是为了不教的目的。

案例三：《难忘的一课》教学片段

师：2008 年 5 月 12 日下午 14 时 28 分，这是一个让世人记忆犹新的日子，相必大家一定都知道吧，那天发生了什么？

生：四川汶川地区发生了地震。

师：对，四川汶川地区发生了里氏 8 级地震，秀美的巴蜀大地被撕裂了一个大口子，在这一刻，你们都做了些什么？

生：我们得知了这一消息后，开展了捐款捐物活动。

生：我的爸爸是医生，这一次他也到了抗震一线。听爸爸说，他们这些医生都深入震区，连澡也没有时间洗，积极挽救灾区人民的生命。

生：我们每天都观看电视新闻，了解灾区情况……

师：是什么原因使我们大家这样做呢？

生：因为我们爱自己的祖国。

生：因为我们都是中国人。

师：是啊，因为我们都是中国人，我们爱自己的祖国。请一个同学到黑板上把这句话写下来。

（指名生写：我是中国人，我爱中国。）

师：我刚才看到你非常认真地书写这一句话，请说说你此时的心情。

生：首先我很荣幸，大家把这个机会给了我；其次我感到非常激动，我觉得作为一个中国人，我很自豪。

师：在国富民强的今天，我们可以自由地表达自己的情感，可是在国家相对贫穷落后之时，人们又是怎样表达自己的情感的呢？今天由我来给大家上《难忘的一课》。

（师板书课题。）

在开课之初，教师巧妙运用现实生活中学生关注的汶川地震，创设与课文情感接近的情境，使学生的情感迅速凝聚在民族自豪感之中，自然地提炼出“我是中国人，我爱中国”，课未始，情已浓，为下文学生学习体悟台湾民众在日本侵略者的铁蹄下整整五十年的痛苦，台湾光复后民众心底的呼唤“我是中国人，我爱中国”打下丰盈的情感基础，达到了“未成曲调先有情”的境界。

案例四：《桥》教学片段

师：同学们都见过桥，谁来说说你见过的桥？

生：我见过天桥。

师：天桥，过街天桥。

生：夷陵长江大桥。

生：我见过吊桥。

师：架在……

生：下面有水，在两岸拉起来的吊桥。

师：我们见过各种各样的桥，这些桥都是架在水上或空中便于通行的建筑物。我们的汉字常是一词多义，这个“桥”除了指我们常见的这些便于通行的建筑物外，还有什么意思呢？想想看我们在哪里见过，那里所说的桥不是指架在水上或空中便于通行的建筑物。

生：在公园里的桥，它用来美化的，很精致的，也可以用来行走。

师：你所说的是像桥一样的建筑物。

生：我们学过一篇课文《跨越海峡的生命桥》，这篇课文讲的是台湾的人民为我们捐献骨髓，这件事架起了台湾和内地的桥。

师：说得很好，这里的桥就不是我们常说的架在水上或空中便于通行的建筑物了，而是指便利沟通的人或者事物了。桥的意思是多种的，今天我们学习一篇课文《桥》。（板书课题）这篇课文中的“桥”又有什么深刻含义呢？

教师让学生从生活经验入手，谈谈见过哪些桥，引出“桥”的本意——架在水上或空中便于通行的建筑物。再从汉字的一词多义引出“桥”的引申意——指便利沟通的人或者事物，使学生了解同样是“桥”字，而此桥非彼桥，为学生学习本课埋下悬念。这样的教学设计，无疑给学生提供了进行阅读对话的“脚手架”，使学生从整体上把握文章的“道”：“桥”在文中是指那座架在小河上的窄窄的桥吗？如果不是，有什么深刻的含义呢？以此来引发学生对文章主旨的思考。

【课例解读】

教师的课前谈话是“驶入高效课堂的快速通道”，可为渲染氛围、创新课堂、思维碰撞、心灵触动打下坚实的基础。纵观一些特级教师的课前谈话，无不闪现着灵动的人文关怀。怎样让课前谈话如同和面时所需要的酵母一样，起到催化剂的作用呢，笔者认为：

1. 课前谈话应该言简意赅、直奔主题

教师上课前对当堂课的教学目标应该成竹在胸，在课堂教学时可以直奔主题，如《我的伯父鲁迅先生》教学片段，教师可以直接点明这节课的教学内容和所要达到的目标，以达到节约时间、快速进入文本的学习之中的目的。

2. 课前谈话应该渲染气氛、激发兴趣

第斯多惠说过："教学的艺术不在于传授本领，而在于激励、唤醒和鼓舞。"一节课的好坏，课前谈话的激趣起着至关重要的作用。如果教师在课前能够抓住学生的知识兴奋点，那么就能够在最短的时间内最快地调动学生学习的兴趣，最大地优化课堂教学效果，从而使师生双方能够获得双赢的局面。

3. 课前谈话应该埋下伏笔、先抑后扬

最精彩的课前谈话，是不露痕迹地由谈话引入到当堂课的内容中去，它分散教学的重难点，为学生的课堂学习做好知识、方法、情感等方面的准备。《难忘的一课》教学片段中，教师善于抓住学生生活中与文本相近的情感情景，调动学生的情感体验，如幽幽琴声叩击学生心扉，为课文的情感打下基调；唤醒学生的情感意识，触动学生的心灵，拨动了学生的情感之弦，激起他们的感情波澜，点燃学生情感的火花，为学习课文做好铺垫。

总之，教师如果善于利用课前谈话这一催化剂，定能让我们的课堂精彩纷呈。

充分预设，生成精彩

王　亮

走进新课程以来，广大教师已越来越普遍意识到课堂是一个基于生命对话的、充满活力的和谐整体，在这个整体中又蕴含着许多的矛盾体，比如师与生、教与学、预设与生成等。其中，预设与生成作为课堂活动展开的一对主要矛盾体，如何处理好二者的关系成为了新课堂实践探讨的热点话题。处理得当、相得益彰、实现动态平衡，自当是我们在课堂教学行动与实践上的不懈追求。实践中，我们也一再看到部分老师“只见树木，不见森林”，对预设与生成二者的关系缺少足够关注，以至割裂开来搞“单打独斗”，出现了很多问题，致使自己的教学陷入难堪的境地，甚至是误入歧途。对此，值得我们进一步关注和研讨。

【新课案之课例】

教学预设虚假作秀

观摩课上，年轻的女老师正在执教《要是你在野外迷了路》。疏通字词完成初读任务后，教师按照课前的教学预设，装作很认真的样子请教学生：“文章中说到了‘指南针’这个词，我不明白是什么意思？谁能讲给老师听？”在老师的引导下，立刻有很多小手举了起来——

“老师，我知道指南针可以指南。”

“指南针是一种像表一样的东西。”立即有一名同学站起来补充回答。

“老师明白了，指南针应该是这种东西。”老师在孩子说完之后，打开自己精心准备的教学课件，屏幕上立即清晰地展现出了指南针的图片。

思考：

问题1，老师真的不知道“指南针”是什么东西吗？原本自诩“知识渊博”的教师此刻倒变得谦虚起来，似乎有很多问题不懂，很多事儿不明白，这是真正的谦虚吗？虚假设问，问题设计明显不真实，有矫揉造作之嫌。

问题2，分析一下老师的问话，不难发现其中的表达方式存在着明显的语病，即使是真的有不懂“指南针”一词的人，只要联系诗文，也能分辨出指南针是一种物品名称。“指南针是什么意思？”确切地说，老师的设问实际上是一种误导。这位老师可能心里想到，若问是什么东西，就表明老师已经知道并有所了解。因而故意“设计”出自己当真不清楚、不明白的假象诱导学生，教师的真诚实质上已变成了“真实的虚伪”。

教学只有预设而无生成

一年轻教师执教《胖乎乎的小手》，读到“妈妈和蔼地说……”一段时，引导学生练习朗读：“谁能像文章中的妈妈一样用和蔼的语气读读这段话？谁来扮演课文中的妈妈来读一读？”（老师看到学生在第一次引导下表现得不是很积极，便及时跟进补充性话语来进一步引导激励。）

这次，多数学生立即高举起了小手，老师脸上立即露出了会心的笑容。恰巧后面有一名小男孩冷不丁冒出了一句“我不能！”在众多孩子争抢读书机会的局面中，这个声音显得很是异样和特别。年轻教师可能是因为紧张的缘故，对此并未予以理睬，仍然按照既定的教学程序往下进行。

后来，老师按照课前的教学预设继续组织大家学习练读另一段类似的话，小男孩又一次大声说出了：“我不读！兰兰是女的，我是男的！”教学立刻陷入了尴尬局面。

思考：这个案例中，教师的设问引导并无问题，问题真正出在当班内课堂上出现异样回答、特别声音时，教师未及时注意，放过了指导的机会，学生认为自己未被关注，便不依不饶，一而再、再而三地制造事端，搅扰了课堂教学的顺利进行。

教学预设与生成距离太大

一位教师执教公开课《我家的猫》，在读解第四自然段时，按照预设做了如下操作和引导：组织学生自主阅读学习，标划描写小猫可爱的语句，并仔细体会；分组交流；以自己喜欢的方式进行汇报——读、画、演。前面几个环节进行顺利，学生读书、绘画等方式反馈效果良好，教师很是欣喜。为了充分张扬学生的个性，教师便不遗余力地开始引导学生进行现场表演。学生也很配合，一组学生上台后便趴在地上围着讲桌转来转去，还不时把头碰碰桌腿，伸手做出摆弄线团的姿势动作，笑料百出。

近三分钟的现场直播后，几位同学得到了老师的大力称赞：“你们表现得很出色，将来绝对有机会成为演员明星，到时可得给我签个名哟！”

思考：

此环节中，在老师的精心设计下，天真可爱的孩子们一个个成了任由老师摆布的“玩偶”，看似尊重学生、张扬个性，实则孩子们已全无真正自我，只知配合教师表演，根本没有思维和语文素养上的明显进步与提高。说到底，这只是由教师导演设计，师生共同完成了一场“滑稽的闹剧”而已。

缺少预见，不能驾驭课堂生成

《狐狸和乌鸦》读解完后，教师按照预设问道：“读了这个故事，你想对文中的狐狸和乌鸦说什么？”问题一抛出，孩子们一个个高高地举起了小手。

生：乌鸦光听好话，结果上当了，真不该。

生：狐狸花言巧语骗走了乌鸦嘴里的肉，太坏了！

这时一个小男孩立即站起反驳道：“老师，我不觉得，狐狸为了吃到肉，绞尽脑汁，想方设法，多不容易啊！它能骗到肉，我觉得它很聪明！”

听到此话，老师先是一愣，转而大加赞赏道：“你的说法有道理，见解很独特！”紧接着，有几个孩子也表达了类似的话语观点，老师又都给予了肯定性评价。

思考：

此环节中，教师是有预设的，孩子们的回答反馈也都在问题设计之中，但第三个孩子的独特感悟却跳出了教师的预想，令老师始料不及。很显然这个学生的理解认识已经偏离了文本的价值取向，需要及时修正。教师不但没有予以点拨引导，反而积极首肯，致使学生在偏离文本价值观的道路上越走越远，为教学涂上了重重的败笔。

【课例解读】

预设与生成是辩证的对立统一体，成功的课堂教学既需要充分的预设，也需要精彩合理的生成。“预设与生成是课堂教学的两翼，缺一不可。预设体现教学的计划性和封闭性，生成体现教学的动态性和开放性，两者具有互补性。”（余文森教授语）

过度的预设会导致教学的呆板与封闭，使教学死气沉沉；过分的生成则可能背离教学的计划与初衷，甚至会与目标、任务背道而驰。因此，我们需要追求的是二者之间的一种和谐的动态平衡。

1. 充分而合理的预设才会生成课堂的精彩

凡事预则立，不预则废。预设是教学的基本要求，课堂教学的实施依赖于有效的教学预设，充分而合理的预设才会生成课堂的精彩。

（1）过分预设，生成受限。片段一中，透过孩子们的回答，我们发现很多孩子对“指南针”已经相当熟悉，完全没有必要费尽心机地创设“请教”的情境圈套，再让孩子们一个个往里面跳。不如直接将问题改为：“孩子们，你们见过指南针吗？能给老师和别的同学介绍一下吗？”由此，引导孩子依次说出它的样子和用途，相比之下，这种问法切入更显自然，更贴近学生的生活，同时这也显示了老师的真诚学生也就能够接受。

（2）充分预设，关注生成。在《胖乎乎的小手》教学片段中，表面上是学生在给老师制造麻烦，实际上问题出在了老师的身上，症结主要在于教师没有处理好预设与生成的关系，对课堂的动态变化缺乏认识，更缺少应对技巧。事实上，当这个声音最初响起时，教师即应高度重视，追问该生，弄清缘由，并相机引导。或将问句改成“谁愿意读读文中妈妈的话？”这样能与不能皆由学生自主掌握，不致惹出事端。而在《狐狸与乌鸦》的教学案例中，教师明显存在对新课程理念的错误解读和行动偏差，尊重了学生的个性感悟，却忽视和脱离了文本价值观的正确取向，使得教学评价和引导游离了正常轨道。正确的处理方式，是要处理好二者的和谐统一。具体到此案例，教师可对学生的个性感悟先做出肯定性评价，鼓励积极发言，同时抛出问题——“狐狸这样做，对谁有利，对谁有伤害？”借势引导，学生的认知性偏差自然迎刃而解。

2. 有效预设，生成精彩

（1）预设欠妥，干扰生成。看得出，《我家的猫》教学案例中，教师的教学预设出现了一个小小的问题，即教学操控环节中的汇报方式，教师的预设提示过多，前两种（读、画）尚可，第三种（演）明显存在问题，属不当性提示，孩子们的天真可爱使得自己稀里糊涂地遵从了老师的意志。闹剧一开演，就已经丑态百出；剧目一落幕，教学活动更是滑稽至极。教学预设的结果已经远远地背离了文本的思想内涵，更与本课的教学目标相去甚远。事实上，对于老舍先生这段话的合理解读方式，不外乎朗读与感悟两种。说，表心声；读，传真情，这样的反馈方式最好不过了，完全没有必要画，更别说演了。如果教师潜心于课前，多查阅些相关资料，不难了解老舍先生对猫的偏爱：一者老舍先生家里养过很多猫；二者先生特别爱花（这在《养花》一文便可得见），为养花腰酸腿疼，为养花而感怀不食，却任由小猫恣意玩耍，以至枝折花落也不在意或责打。比对之下再来感受作家对猫尤其是小猫的喜爱之情，绝对会感动读者并使其感动之情溢于言表，而以画和演的方式走近文本和作者实是可笑之极。

（2）没有预设，随意生成。显而易见，在后两个案例中，处于教学主导地位的教师，对于教学的实施明显缺少预设。课前缺乏充分的备课预见，教学实践操作时不假思索、随意生成，教学误打误撞，严重亵渎了课堂这个师生进行生命对话、经历生命过程的神圣与尊严的殿堂，这是有责任心的教师所不允许的！

总之，教学成功全靠有效的教学预设，这种预设必须是充分而合理的，是可以生成与调整的；教学精彩端赖于精彩的课堂生成，这种生成必须是合理而有效的，是基于充分预见和可调控的。而这些的实现与达成，永远依靠教师悉心体悟，不断反思，学习实践，总结提升。

智慧理答，让课堂生成精彩

谢玉琴

“教师的智慧语言像钥匙，能打开学生心灵的窗户；像火炬，能照亮学生的未来；像种子，能深埋在学生的心田……”

理答就是教师对学生回答问题后的反应和处理，是课堂问答的重要组成部分。一般来说，课堂问答包括发问（教师提问）、候答（学生思考问题与组织答案时教师的等候）、叫答（教师叫某个学生或学生小组回答问题）、理答（教师针对学生的回答作出反应）这样前后衔接的四个环节。

理答是一种教学行为，更重要的，它还是一种评价行为。它是教师对学生的回答作出即时评价，以引起学生的注意与思考。可以说，理答是一种重要的教学对话，直接影响学生对某个问题的理解和下一步的学习进程，也影响到学生对一堂课甚至一门课的学习兴趣与态度。

【新课案之课例】

案例一：

在有些老师的课堂里，我们常常看到学生回答问题后，教师的处置往往过于简单——或简单肯定，或简单否定。如下面的案例《我不是最弱小的》。

师：你遇到过比你弱小的人吗？说说你是怎样保护弱小者的？

生：我帮小弟弟系鞋带。

生：我搀扶老奶奶过马路。

师（面露喜色）：还有谁来说？

生：老师，我没有遇到过比我弱小的人，但是我保护了妈妈买回来准备杀了吃的小公鸡！（教师愣了一下，脸色随即阴了下来。）

师：老师的问题你听明白了吗？你这是在答非所问！（该生满脸的失落）

就因为学生的回答不符合教师的要求，老师就急急打断了他的发言，否定了他的回答，学生对学习的好奇、热情、渴望，甚至对老师的那一份信赖，皆会因为这样的一句话而被扼杀。这样的理答不仅会让回答问题的学生失望，也会令其他学生胆怯。

案例二：

林春曹老师曾执教了一节引起了不小轰动的课《地平线》，课堂上，林老师对学生的回答做了如下点评。

师：为什么去追求人生的地平线，就会让人生充满新鲜乐趣呢？

生：有了目标，就会去努力，就有了乐趣。（举例说明学骑车）

师（颔首、赞许）：哦，老师注意到你举例时那种欣喜的神情，相信你是一个执著于目标的人。他不仅是回答，还在用亲身经历告诉我们如何去坚守。

……

师：读最后一段，读到这，你现在的地平线是什么？

生：考上理想的中学。

师：（面带微笑）嗯，目标具体，考上中学就没了吗？

生：考一所好的大学。

师：（竖起大拇指）是啊，这是又一个十分重要的人生目标，那么大学后呢？

生：……

师：这个同学说的就是我们的人生中有无数个目标，我们的人生有无数个地平线，我们在追寻一个个人生目标，达到一个个目标。

……

【感悟】

教师的理答大致可以分为以下几类：

1. 诊断性理答：指对学生的回答做出“正确”或“错误”的判断，教师在理答中有明确的表态，这是诊断性理答的显著特征。

诊断性理答一般可以分为简单肯定、简单否定、简单重复、意义重复、提升式肯定、纠正式否定、引导式否定。

2. 激励性理答：是指简单表扬、激励表扬。现在教师普遍用“好”、“你真棒”等一些惯用的奖励词语来表扬学生，其实这只是在对学生进行简单表扬的理答。激励性的表扬不是空洞的赞美，而是更能激发学生内在潜能的，能促进学生进入下一个教学环节的催化剂。

3. 目标性理答：主要是指当学生的回答不够准确或完整的指向目标时，教师直接给出答案或总结答案。一般可分为：代答式、引答式、归纳式。

4. 发展性理答：这种理答方式，是在学生回答不完整或不正确的情况下再次组织问题，再次进行理答。这种理答属于较高水平的理答，能引导学生深入思考，是能促进学生思维发展的理答，是站在学生长远发展的角度而采取的教学行为，主要可分为追问、转问、探问、反问等。

非语言理答按其反应程度分为：

（1）有反应理答：动作理答、神情理答。如摸摸学生的头、拍拍学生的肩膀、为学生竖大拇指、点点头等，或用神情告诉学生你还没有听明白他的回答（或觉得他的回答令你震惊）等，这样的理答虽然没有声音，但有时更能让学生有亲近感。

（2）无反应理答：也有人称之为“不理”的理答。

“理答”不是对学生简单的回应，一个积极的理答会使整节课进展得更为顺利，推动目标的达成；一个消极的理答，有时破坏的不仅仅是某一教学环节，可能还会使一份很好的设计达不到预期的效果。

案例二中的第一处理答，林老师紧紧抓住学生叙述时兴奋的神情来做文章，那“相信你是一个执著于目标的人”是给学生回答最高的评价和褒奖。简单的赞美中饱含了老师对孩子的理解，这种赞美，让师生的心贴得更近了。并对孩子所举的例子进行了正面概括的点评，帮助学生理解。第二、三处，林老师给予具体的肯定后，又适时地追问、引导——引导学生理解在人生的不同阶段有不同的“地平线”。

教师都希望学生的回答能切中要害，然而更多的时候，学生的回答并不能一下子答到关键点，这就需要我们去引导。而引导的一种有效的方法就是追问。案例二中，学生在林老师刨根究底的追问中逐渐明晰了思路，这种追问的方法是许多优秀教师屡试不爽的成功经验，也是教学机智、教学能力好的一种表现。正是教师睿智、亲和的理答语言，唤起了学生表达的欲望。

学生的回答往往就像不同的发球一样，我们教师要努力成为一名接球好手。巧妙的课堂理答可以激发学生情感，让课堂呈现出生成的精彩，可以启迪学生思维，让讨论深入进行，更好地达成教学目标。可以说，巧妙的理答给课堂增添了不少的色彩。

【课例解读】

追寻智慧理答要以学生为主体，从尊重学生的目标出发；要以鼓励为主，让学生品尝到成功的喜悦，唤起他们学习的激情；理答要体现多样化。所以教师对学生的评价应多样化，恰如其分，不断推陈出新，给人一种耳目一新的感觉，使学生感到新奇，乐于接受。学生在这样的气氛中心理没有任何负担，提高了课堂教学的效率。

追寻智慧理答的策略：

1. 巧用四问（追问、探问、转问、反问）

（1）追问。追问就是当学生就某一问题回答后，为了引领学生深入思考，而创设一些问题。追问一般倾向于同一个学生，这样可以保持学生思维不被打断，也有利于对话深入展开。可以说，追问是纵向深入式的，它可以引领学生深入文本。

（2）探问。所谓探问，就是课堂上当学生由于知识欠缺，问题本身模糊或有一定难度等原因无法回答问题时，教师变换角度，或化大为小，或化难为易，或化虚为实，让学生换一个路径接近问题的答案，也就是一种问题分解的策略。

当面对冷场时，探问就犹如一个脚手架，能够帮助孩子们走出困境，攀上更高的台阶。只有灵活运用这种策略，我们才能为孩子们拨开云雾，引领孩子们的阅读感悟之舟驶向理想的彼岸。

（3）转问。转问一般是在追问无效时，或为了使问题得到更多学生的讨论而出现的。课堂上我们老师一般会用“谁还有补充?”“谁对这句话有更深的理解?”等将问题转向另一个学生，使问题得到更好的解决。

（4）反问。反问就是引导学生逆向思维发问，让学生反着想想“这样对吗”，进而明确自己回答的不足之处。

2. 高屋建瓴再组织，培养思维深度

再组织是教师理答的一种特殊形式，是指教师在理答的最后阶段，对学生的回答重新组织或概括，使学生的理解得以深化，感受得以深入，情感得以升华，从而拓展文本的深度，获得更全面的认识。

3. 善用评价

学生对语言文字的理解有正误、深浅之分，语言的积累有多少之分，语文能力亦各有高低，评价语的基本功能在于促进学生的发展和提高。通过评价及时反馈学生的学习情况，有意识地对学生的发展进行引领提升，能提高学生课堂学习积极性、有效性。

评价方式可分为以下几种。

（1）回应式。当学生回答正确或很精彩时，老师毫不吝啬地送上恰如其分的表扬，既是对学生的肯定，更能激起学生对学习的兴趣和自信。如可以说：“大家自由读书的这段时间里，教室里只听见琅琅书声，大家专注的神情让我感受到了什么叫求知若渴，我很感动。”

（2）提炼式。受年龄、能力的制约，学生的回答总是比较零散的，或是没有一定的深度。这时就需要老师进行梳理，并通过评价进行反馈，帮助学生对所提问题有一个全面的、深入的理解。

（3）修正式。当学生的回答语言有问题时，老师可以通过修正式评价语把学生的语言纳入更准确的轨道。如：“如果你能把××说得更具体些那就更精彩了。”“你讲得很有道理，如果能把××讲清楚，那就更有说服力了。”当学生遇到困难或思维受阻时，教师不可操之过急，而应该沉下心来，充分发挥评价语的启发诱导功能，让学生在教师的点拨引领下自主建构新的知识，经历自悟自得的过程。

富有智慧的教师善于激疑布惑，诱导学生向着未知领域探幽发微，先把学生带进“山重水复疑无路”的“困境”，然后或抛砖引玉，或画龙点睛，或点拨提示，或目示点头，或取喻明理，使学生对问题心领神会，如入幽微之境，突见柳暗花明，豁然开朗。期待着智慧理答的理念能深入人心，智慧理答行为能在阅读教学中能得到更好的体现，引领和启迪学生的智慧。

让教学走向真精彩

唐　敏

在一次教学研讨活动中，面对简直完美无缺的一节课，一位教育专家却提出“这堂课的缺点就是它的没有缺点”。初听也许会觉得有些不合逻辑，但细细想来却是很有道理。是啊，表面滴水不漏、热闹非凡的教学活动不是真精彩，在教师引领下自主构建、师生真实自然的互动、以动态生成的方式推进教学活动才是真精彩！那么，如何才能让学生享受课堂、享受语文，让语文教学走向真正的精彩呢？

【新课案之课例】

人文关怀　孕育互动

案例：六年级《夹竹桃》

师：你是如何理解夹竹桃的“韧性”的呢？请同学们默读课文的第四自然段，拿出笔，在书上留下你思考的痕迹。

（生默读课文第四自然段。）

师：谁来说一说你的理解。

生1：我从“在和煦的春风里，在夏日的暴雨里……无日不迎风吐艳”这句话，感受到了夹竹桃的坚强。因此，我把“韧性”理解为坚强、顽强。

生2：我从“在和煦的春风里，在夏日的暴雨里，在深秋的清冷里”、“无日不迎风吐艳”、“从春天一直到秋天，从迎春花一直到玉簪花和菊花，无不奉陪”读出了夹竹桃的花期之长。因而我把“韧性”理解为持之以恒。

生3：读了“一朵花败了，又开出一朵，一嘟噜花黄了，又长出一嘟噜”，我感受到了夹竹桃那顽强的生命力，因而我把“韧性”理解为顽强的生命力。

生4：“在一墙之隔的大门内，夹竹桃却在那里悄悄地一声不响”让我觉得夹竹桃是默默无闻地为人类作出贡献的，所以，我把“韧性”理解为默默无闻地奉献自己。

生 5：大家看到“然而”这个词了吗？“然而”表示转折，在这里表示夹竹桃与其他的花都不同，它不像百花那样争春，也不像它们那样花期短暂，所以我的理解是“与众不同”。

……

师：悄悄地，一声不响的，从春天一直到秋天，夹竹桃目睹了百花争艳的繁华美景，又亲见了百花的无奈凋零，它始终如一。它的坚强、它的持之以恒、它的默默无闻以及它那顽强的生命力，使我们想起了很多……

生 1：我想到了做好事不留名的雷锋，他就是像夹竹桃一样默默地奉献着。

生 2：我想起了每天清晨打扫卫生的清洁工，一年四季，他总是迎着朝阳用双手打扮着世界。

生 3：我回想起了以前学过的《天游峰的扫路人》，那一级级清清爽爽的台阶和老人那爽朗的笑声至今还回响在我耳畔。

生 4：我想到了“野火烧不尽，春风吹又生”的青草。

……

感悟：

在过去的语文教学中，无论是讲读教学中的课文分析，还是作文教学中的指导与评讲，都把注意力主要放在形式方面，而忽略了语言所传达的信息、情感。因而就出现了在课堂上老师喋喋不休于课文写了些什么、是怎样写的之类的繁琐的分析，而学生却很少阅读课文，即使阅读课文也是为了回答老师的分析提问，结果一篇感人至深的文章，却读得味同嚼蜡。

因此，在语文课堂里，对于学生的学习，教者更应关注的是进入学生的生命领域，进入学生的精神世界，让学生的身心作为生命体参与其中，让课堂充满人文关怀，成为人性养育的殿堂，并由此焕发生命活力，从而搭建师生互动的舞台。

追求真实 促进生成

案例：六年级《聂将军与日本小姑娘》

师：现在，谁用三言两语说说本文的主要内容？

（无人举手）

师：确实，把这么长的一篇文章用三言两语概括出来也不容易，这样，自己再轻声地读读课文，同桌也可以讨论讨论。

（生快速读课文，并同桌讨论。）

师：哪个同学试试？

（五六个学生举手了，师指一人回答。）

生：……（非常啰唆地说了一通。）

师：记得老师的要求吗？

生：三言两语。

师：那哪个同学再试试？

（生面露难色）

师：感觉困难了？别急，老师教你们一招。这篇文章属于写什么的文章？

（生齐答：写事。）

师：像写事的文章我们就可以用“六要素归纳法”来概括中心思想。哪六要素呢？——时间、地点、人物，事情的起因、经过、结果。现在，请大家再来试试，看老师这一招行不行。

（生再次试着概括文章的主要内容。）

（再次指名说。）（这名学生简练而准确地概括了文章的主要内容。）

……

感悟：

华东师大的吴刚平教授说“真实的教学情景是具体的、动态生成的和不确定的，需要在教学过程中才能呈现出来，不是为了观赏”。是啊，语文课应该是真实的。语文教学要生活化，要适应学生阶段性的发展，要尊重学生的原始表达，要体会语言的真意，要让学生真情流露，老师要在课堂上向学生传授真知。语文教师应该用真诚的雨露去滋润学生的心田，用真理的光辉去开启学生的智慧之门。

捕捉瞬间 创造精彩

案例：

那天中午，照例是自由阅读时间，学生们都在看书，我跟平时一样也拿了本书在一边看着，那天我看的是《朱自清散文集》。

正在大家看得都入迷时，一位学生跑到我身边问我看的什么，我随口应了一句：“《背影》。”没想到一石激起千层浪，学生们纷纷议论起来：

“背影？背影有什么好写的？”

“我们写正面都觉得写不生动，他写背影？”

“老师，读给我们听听吧！”

于是，我便声情并茂地朗读了朱自清的《背影》。（那段时间，我母亲摔跤导致腰椎粉碎性、压缩性骨折，而我们做儿女的却因为都忙于工作而无暇顾及，所有家庭琐事以及照顾母亲的重担便都落在了父亲身上。）读完以后，我被感动了，没有等孩子们说什么，便深情地述说起来：“是的，平时我们也许都关注母爱，却很少有人注意到父爱，我也一样。

从前，父亲在我眼里是内向的又粗枝大叶的，他从来没有温馨的话语、亲密的举动，他总是一个人默默地干活，因此我们总是更依恋母亲。现在，每当我们一家过去，便和母亲凑在一起谈工作、谈孩子、谈家庭琐事，而父亲只是在一旁默默地准备着午餐，忙完后便是轻轻地逗孩子们玩。可是，这一次母亲卧病在床，父亲忙里忙外，还要给母亲喂饭、擦身子，甚至要照顾大小便。而我们去时他却还是那样默默地为我们做好一切。这时，我发现了，发现了一向被我忘却的那静静的父爱！同学们，其实，在我们身边洋溢着真情真爱，只是总被我们忽略。”说完，我已是泪眼婆娑，教室里一下子安静了。

第二天，我收到了40篇日记（全班共40个学生），文章里孩子们用纤细、真挚的笔触通过一件件总被我们忽视的平常小事，展现了人间真爱——母爱、父爱、师爱、邻里情、同学情……我一下子感动了，这一篇篇文章再也不是胡编乱造，这是心灵之语。

……

感悟：

在看似平淡的生活中，总是闪动着无数隐隐的光彩，有时是一句话，有时是一个动作，有时是一种情感……此时，也许教师的一个疏忽，精彩便从身边溜走了；也许老师适时的一伸手，便抓住了一片云彩。

【课例解读】

1. 学会倾听

语文课堂是教师与学生、学生与学生、学生与书本的多边对话过程。在这个过程中，会有许多“亮点”如流星闪现。这时，教师应该学会倾听，适时地捕捉学生个性化的感受、独特的体验或是闪烁着智慧火花的思想。这样，就不仅能真正实现师生平等对话、自然互动，还能促使学生深入探究，产生意想不到的学习效果。

2. 把握契机

在学生的学习生活中，常常涌动着各种感动。这些真实的情感就是一种珍贵的课程资源，是“生命质量”的价值体现。此时，如果教师善于体验学生的感动，善于捕捉这种充满生命律动的教育契机，抓住这种鲜活的“现场”施教，作入情入境的引导，激活学生已有经验，形成多种“共鸣”，这样，就能产生一节最有生命活力的好课。

3. 倡导个性化阅读

语文学习是极具个性化的行为。感悟语言是一种个性化的感受，由于学生知识背景、生活经历、情感气质等多方面的差异，学生对文本的理解是多元的，对语言的感悟自然也就有了区别。因此作为教师应根据学生的个性差异，引导学生多角度多层面感悟，发掘学生的灵气，使学生对语言产生具有个性化的理解与真实感受。

4. 开发人文因素

语文教学最大特性是人文性，语文课本里的文章都蕴含着丰富多彩的文化内容，无不富于人文精神，是人文素养长效的营养剂。语文学习只有同学生的个人知识、直接经验、生活实践链接起来，发掘童心，寻找童趣，把一个个抽象的语言符号，变成学生头脑中生动可感的图像，学习能够切入并丰富学生实践经验的内容，才能收到良好的学习效果。

5. 展现真实的学习过程

真实的课堂应该面对真实的学生，展现学生真实的学习过程，让每个学生都有所发展。在学习过程中，学生的学习也许超出你的预设、也许滞后于你的预设，在真实的课堂中就应该及时调整教学，而不能死抱着教案一成不变，置学生的疑问于不顾，照着课前设计的轨道走下去。这样的课堂是缺乏生命和灵性的。我们的每一节课里，都应该听到学生“拔节”的声音，那是最美的声音。

总的来说，新的语文教学，应如叶澜教授所强调的那样：“真正做到语文课在师生互动中生成，极富动态性。”这样的课，才是真精彩！

后　记

编撰《新课案之课例解读》一书，对我们既是一次挑战，又是一次尝试，也是一次学习的机会。“有厚重的感觉”——我们将书稿给身边的朋友读后，得到如此作评，才稍稍放心。

眼前这本书，虽然采用了征稿中的不少来稿，但为了提高书稿质量，我们还选进了不少来自教育网站上的好稿。在编写之初，我们想尽可能地将新课程改革过程中出现的问题都包容进来，进行一次集中的诊断。但着手编撰时，才感觉那样的设想有些书生气。最终我们将目光与精力都锁定在课堂案例的六个版块上，但是我们还不敢说对已经出现的问题罗列全面。

编辑此书，我们得到了很多朋友的支持，借此机会表示深深的感谢。在选编的过程中，为了将课堂中案例表述得全面而不重复，我们对来稿除了保留作者的署名之外，对文稿还进行了不少再处理，没有经得作者的同意就作了修改，希望理解与谅解。由于种种原因，书中采用的部分材料无法查找到出处和作者，在此，我们表示衷心的感谢并致歉意，并希望您与我们联系，兑现稿费和给您样书。

编者知识水平和视野有限，难免会“坐井观天”，书稿中定有许多不成熟、值得商榷的地方，甚至讹误之处。敬请各界专家和广大读者给予批评指导，我们将感激不尽。

编　者

2009 年 4 月下旬

精品教师用书推荐榜

重点推荐图书

书　名	作　者	定　价	出版社
校长原规则	钟发全等	29.80	吉林大学
教师不跪着成长	钟发全　张朝全	29.80	吉林大学
教师笑着教书	钟发全　张朝全	29.80	吉林大学
没有问题就是最大的问题	刘经华　钟发全	29.80	吉林大学
教师走向成功的22条“军规”	刘经华	25.00	吉林大学
教育策划的智慧运作	刘经华	29.80	吉林大学
教育策划经典案例辑萃	刘经华	29.80	吉林大学

实践新课程课堂视点丛书

书　名	作　者	定　价	出版社
理想的课堂	朱良才	29.80	天津教育
课堂教学实用艺术	朱良才	29.80	天津教育
智慧涅磐：教师随笔拾萃	张朝全　钟发全	29.80	天津教育
在写自己的故事中成长：教育叙事采撷	钟乐江　钟发全	29.80	天津教育
课堂新问题诊断·语文	钟发全　陈松信	29.80	天津教育
我思故我在：来自课堂的思考·语文	孙彦彦　钟发全	29.80	天津教育
理念与智慧的博弈：新课案之课例解读·语文	范明刚　钟发全	29.80	天津教育
追求与众不同的课堂：新课案之创新课堂·语文	薛镇芬　钟发全	29.80	天津教育

教师走向卓越的黄金培训课程

书　名	作　者	定　价	出版社
一切从改变开始—教师追求卓越的职业信条	郭　簃	32.00	吉林大学
我的未来我做主—教师职业生涯发展规划设计	常虎温	32.00	吉林大学
如何上好每一堂课	王海燕	32.00	吉林大学
课堂因细节而精彩	张少斌	32.00	吉林大学
教师反思的智慧	张少斌	32.00	吉林大学
做教师身边的研究	冯锁堂	32.00	吉林大学
影响课堂教学实效的关键问题	欧阳芬　谭立义	32.00	吉林大学
我手写我心—在写作中成长	张少斌	32.00	吉林大学
构建没有残缺的世界—致力于没有差生的教育	潘立梅	32.00	吉林大学

新课程课堂教学问题探究与解决丛书

书　名	作　者	定　价	出版社
做最好的教师 —实现自我发展的55个途径	刘永舜　董志斌　赵卫胜	25.00	四川教育
做智慧的教师 —提升课堂教学实效应关注的55个问题	文学荣	25.00	四川教育
做专业的教师—课堂教学的55个细节	欧阳芬	25.00	四川教育
做创造的教师 —小学数学课堂教学的55个经典案例	张　莉　陈秋宾	28.00	四川教育
做创造的教师 —小学语文课堂教学的55个经典案例	李晓红　任庆世	28.00	四川教育
小学语文课堂教学的55个细节	李敏才	25.00	四川教育
小学数学课堂教学的55个细节	施　勤　柴林喜	25.00	四川教育
初中数学课堂教学的55个细节	郑　强	25.00	四川教育
初中语文课堂教学的55个细节	李福灼　欧阳芬	25.00	吉林大学
初中英语课堂教学的55个细节	梁承锋　应丽君　余冬花	25.00	吉林大学

课堂教学模式丛书

书　名	作　者	定　价	出版社
小学语文课堂教学课型	张四保　贺建平	28.00	吉林大学
小学数学课堂教学课型	张四保　柴林喜　郭兰生	28.00	吉林大学
初中语文课堂教学课型	欧阳芬　彭宝荣　高在宏	28.00	吉林大学
初中数学课堂教学课型	张四保　彭隆辉　候永新	28.00	吉林大学
初中英语课堂教学课型	张四保　郭治源	28.00	吉林大学
初中物理课堂教学课型	王兴理　周卓涛　王守勤	28.00	吉林大学
初中化学课堂教学课型	张四保　张爱喜	28.00	吉林大学
初中政史课堂教学课型	张四保　游文兰	28.00	吉林大学

中学生走向卓越新支点丛书

书　名	作　者	定　价	出版社
每天进步一点点：从合格走向卓越的八堂必修课	郭　簃	29.80	吉林大学
这样学习最有效：如何成为学习高手	郭　簃	29.80	吉林大学
走向卓越的习惯养成	郭　簃	29.80	吉林大学
学生生涯规划设计	郭　簃	29.80	吉林大学

中小学生教育图书重点推荐

书　名	作　者	定　价	出版社
你认为你行你就行	刘经华等	25.00	吉林大学
学习兵法：做自主学习的主宰	欧阳芬　孟微微　周山豹	28.00	吉林大学
考试圣经：轻轻松松做考试高手	张四保　肖　燕　白俊林	28.00	吉林大学